の森文庫

高 信太郎

まんが 中国語入門

楽しく学んで13億人としゃべろう

光文社

まえがき――中国語を知ると、日本語が見えてくる

ニハオマ？　お元気ですか。高信太郎です。さあ、今度は中国語に挑戦してみましょう。

世界には何十億人もの人がいますが、その四人に一人は中国語をしゃべります。立《た》川志《かわし》の輔《すけ》さんのギャグに、「世界中の人がいっせいに麻雀《まーじゃん》を始めると、一卓に一人、必ず中国語をしゃべるやつがいる」というのがあるけれど、まさにそのとおり。

世界で四分の一なんだから、東洋だと圧倒的に過半数。アジアではもっともメジャーな言葉なんです。「隣の国の言葉をおぼえよう」というのがこのシリーズのモットーですから、中国語はまさにぴったりですね。

中国語というのはすごい言葉だと思いますよ。世界の四大文明といいますが、その時代に生まれた漢字が、少しずつ形を変えながら、いまでも残っているんだから。四大文明にはもっと古い文字があって、シュメールのくさび形文字やエジプトの象形文

字なんかは漢字より古いかもしれませんが、もう誰も使っていません。ところが漢字は、「二」という字が「二」という意味のまま、現在も使われているんです。

中国語では「食べる」という言葉を「チ」と発音します。ここから先は想像ですが、何万年も前のご先祖様、北京原人《ぺきんげんじん》たちも、「食べる」というときに「チ」と言っていたんじゃないでしょうか。「チー！」「チ？」という感じで話しながら食べてて、それが「食べる」という意味になったんじゃないかと考えたりします。

中国語にはいろんな方言があります。広東《かんとん》語、呉《ご》語といった地域語や客家《はっか》語などの民族語で、全部で二〇〜四〇の方言があるといいます。北京語も、元は北方の方言の一つですが、いまは「漢語《ハヌユイ》」と言われて、中国大陸全土でも、台湾《たいわん》でも、公教育は北京語で行なわれています。ですからこの本でも、北京語の発音を基準にしました。ぼくたち日本人が中国語を勉強しようとしたら、北京語から始めるのがいちばんいいと思う。

もちろん英語も大事、韓国語も大事なんだけど、世界的に見ると、中国語は知っておいて損しない、なにかしらトクする言葉だと思うんです。

文字の表記は広東語も北京語も同じです。中国の人たちも、映画を観るときは、字幕を読みます。俳優が北京語をしゃべっていると、他の方言を話す人たちにはわからないからです。しかし、どんな方言でも文字は同じですから、一種類の字幕でいい。これは便利ですね。

中国語は、日本人が学びやすい言葉です。たしかに発音は難しい。でも、日本人は漢字で育っていますから、他の国の人が中国語を学ぼうとするときより、ずっと楽なはずです。

中国語を勉強して楽しいのは、「日本語がわかる」ということでもあると思います。日本語の熟語は、元はこういう言葉だったのか、と驚くことがあります。日本は中国から多大な影響を受けてきました。それが現在、なぜ違うのか？　なぜ同じなのか？日本語と中国語の関係は、知れば知るほどおもしろいです。

ぼくはいま六十五歳ですが、中国語の勉強はボケ防止にも最適です。字を書くために手を動かすことは脳を刺激するわけで、これはいい。いまはみんなワープロやパソコンでしょ？　ワープロはたしかに便利なものだと思いますが、手で書くことはワープロにはない良さがあると思います。この本には見慣れない漢字がいっぱい出てきますが、どんどん書き取りしておぼえていくことが、脳のよい刺激になるんじゃないかな。

前作『まんがハングル入門』などを読んだ方から、「ひとつ単語をおぼえるたびに、そのコマに色を塗っていったら絵本になった」という話を聞いて、へえ、そういう使い方もあるんだ、と作者のぼくもびっくりしました。この本も、みなさんが自分なりに工夫しながら楽しんでいただければ、と思います。

高《こう》 信太郎《しんたろう》

まんが中国語入門　目次

1章

中国人になったつもりで

ニメヌハオ
みなさんこんにちは
高信太郎です
こちらは妻と娘です
高橋 菊子《きくこ》です
高橋 唯子《ゆいこ》です
突然だけど 世界でいちばん 使われている 言葉は 何だと思う？
ンーと 何だろう
英語 でしょ
当たり！ では世界で いちばん母国語 として使われている 言葉は？
やっぱり 英語じゃ ないの？

残念でした
それは
中国語です
へー
そうなの
世界中に
いっぱいいるからね
世界中の人の
なんと五人に
一人が中国人なんだ
1/5
ひえー
そんなに
いるの？
だから
中国語ができると
いうことは
世界の五分の一の人と
話ができることに
なるんだ
なる
ほどね

中国語は漢字を使うから日本人にいちばん親しみやすい言葉だよ
それはわかるけど……
でも日本と違う漢字なんでしょ？
そうなんだ だから最初はちょっとマゴつくけどすぐに慣れるよ
岁买开
么个
怎这
日本にない字もあるのね
漢字は字が意味を持つ表意文字なんだ
→月
→日
→木
→川
絵から字になったのね
なるほど

言ってみれば
世界でもっとも
古い字さ
それが
現在も使われて
いるんだから
キセキよね
日本人が
中国語を
習うということは
日本文化の
ルーツを探る
ことでもあるんだ
ふーん
ひらがなも
カタカナも
元はといえば
漢字からだ
安→あ　伊→イ
なるほどね
でも
中国語って
ぜんぜん日本語に
似てないよ
それは発音だけ
聞くからさ
漢字と音《おん》を
合わせておぼえれば
意外に単純なんだ
そうなの？

それでは ここでパパの アシスタントに 登場して もらおう
アシスタント？
おーい ゲンジ君 出ておいで
ゲンジ君？
はーい 先生 お呼び あるか 你好《ニハオ》
キャッ
なによ これ？
君の力を 借りたい よろしく たのむ
おやすい ご用です
紹介しよう ゲンジ君だ
よろしく
なん なのよ！

ゲンジ君は北京《ぺきん》原人《げんじん》の直系の子孫なんだ
わたし中国・広島生まれゲンジー北京どうぞよろしくタネシカケちょっとある
へんなの
大阪の手品師みたい
それだよ
えっ！
中国人のしゃべる日本語はどこかヘンだろう
そういえばそうね
それは中国語の語順で日本語を話すからなんです
へえーそうなの

だからそのヘンな日本語の語順で中国語をおぼえればいいのさ
そういうことある
なるほどね
たとえば「私はあなたを愛しています」はこうなる
I love you
我《ウオ》爱《アイ》你《ニ》
Wǒ ài nǐ (※)
わたし あいする あなた
爱＝愛
英語と同じだね
で「あなたは私を愛しています」はこうだ
You love me
你《ニ》爱《アイ》我《ウオ》
Nǐ ài wǒ
あなた あいする わたし
私とあなたが入れ替わるのね

※このローマ字は「ピンイン」といって、中国語を学ぶときに使われるふりがなです。慣れないうちは、あまり気にしなくていいですヨ。

そして
私Iは
いつも
我のままだ
英語のように
myやmeに
変わりません
だから
中国語というのは
漢字と英語が
合わさったような
ものさ
ふーん
ではとりあえず
中国語のしくみを
ヘンな日本語で
やって
みましょう
漢字の
感じも
つかめるしね
ヘタな
シャレ
いちばん
カンタンなのは
一字の述語です
吃《チ》 たべる
chī
EAT
だ
吃＝喫

去《チュイ》 いく

qù

看《カヌ》 みる

kàn

坐《ズオ》 すわる（のる）

zuò

来《ライ》 くる

lái

长《チャン》 ながい

cháng

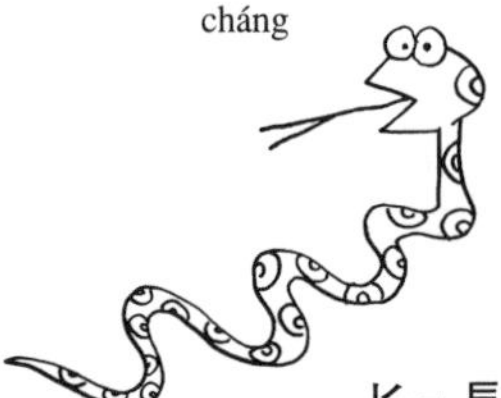

长 = 長

高《ガオ》 （背が）たかい

gāo

＊ローマ字ふりがなについている ˊ ˇ ˋ といった記号は、まだ気にしないでくださいネ（後で出てきます）。

動詞も形容詞も同じ形で述語になります
だから英語のようにこんがらがらないんだ
英語では形容詞にはbe動詞がつくもんね
主語をつければこうなります
我《ウオ》吃《チ》
Wǒ chī
わたし たべる
I EAT だ
へえ
そして目的語をつければこうなる
我《ウオ》吃《チ》饭《ファヌ》(※)
Wǒ chī fàn
わたし たべる めし
いかにも中国人の日本語っぽいわね
饭＝飯

*中国語のふりがな(カタカナ)は「ファヌ」とか、一見発音しにくいですが、やってみるとけっこうリアルですヨ。

つまり「私は飯を食べる」じゃなくて「わたしたべるめし」の中国語順をヘンな日本語としておぼえればいいのさ
なるほどね
我《ウオ》去《チュイ》中《ジョォン》国《グオ》
Wǒ qù Zhōng guó
わたし いく ちゅうごく
我《ウオ》看《カヌ》报《バオ》
Wǒ kàn bào
わたし みる しんぶん
报 = 報
你《ニ》来《ライ》日《ルィ》本《ベヌ》
Nǐ lái Rì běn
あなた くる にほん
你好
你《ニ》坐《ズオ》飞《フェイ》机《ジィ》
Nǐ zuò fēi jī
あなた のる ヒコーキ
飞机 = 飛機

山《シャヌ》高《ガオ》
Shān gāo
やま たかい
河《ホ》长《チャン》
Hé cháng
かわ ながい
また日本語の「です」は「是」だ
是《シ》
shì
（そう）です
「そうです」とおぼえるといいです
YESの意味もありますから
だからこうなる
我《ウオ》是《シ》日《ルィ》本《ベヌ》人《ルェヌ》
Wǒ shì Rì běn rén
わたし です にほん ひと
ヘンないい方

あなたも同じくこうなります
你《ニ》是《シ》中国《ジョォングオ》人《ルェヌ》
Nǐ shì Zhōng guó rén
あなた です ちゅうごく ひと
なるほどね
これらの否定はカンタン頭に「不」をつけるだけでいい
不《ブゥ》
bù
でない
ブゥね
不《ブゥ》吃《チ》
bù chī
たべない
こうなります
我《ウオ》不《ブゥ》吃《チ》饭《ファヌ》
Wǒ bù chī fàn
わたし たべない めし
なるほどね

「是《シ》」も同じです
ウオ ブゥ シ ジョォングオ ルエヌ
我 不是 中国人
Wǒ bù shì Zhōng guó rén
わたし そうでない ちゅうごく ひと
不はnotなのね
有《イオウ》(ある)を否定するときは「没《メイ》」を使います
メイ イオウ
没有
méi yǒu
ない
ワラワラ
それはまた後にしよう
そして疑問のときは後に「吗《マ》」をつければいいんです
マ
吗?
ma
日本語の「か?」みたいなもんだね
吗 = 嗎

こうなります
你《ニ》吃《チ》饭《ファヌ》吗《マ》?
Nǐ chī fàn ma
あなた たべる めし か
もちろん日本語では「あなたは食事をしますか?」の意味だ
でもぶっきらぼうな直訳でおぼえたほうが語順がよくわかるだろ
まあね
「是《シ》」のときはどうなるの?
同じだよ
こうなります
你《ニ》是《シ》日《ルィ》本《ベヌ》人《ルェヌ》吗《マ》?
Nǐ shì Rì běn rén ma
あなた です にほん ひと か
「あなたは日本人ですか?」だ

また肯定と否定をくり返しても疑問文になる
「反復疑問」といいます
ママむずかしいよー
マーマーマーマー
カンタンだよ二つ並べりゃいいんだから
你《ニ》吃《チ》不《ブゥ》吃《チ》饭《ファヌ》?
Nǐ chī bù chī fàn
あなた たべる たべない めし
へえ
「是」もこうなります
你《ニ》是《シ》不《ブゥ》是《シ》日《ルィ》本《ベヌ》人《ルェヌ》?
Nǐ shì bù shì Rì běn rén
あなた そうです そうでない にほん ひと
なるほどね

この言い方は実に中国人らしい言い方でヘンな日本語でも聞いたことあるだろ
あなた来る来ない食べる食べないどっちあるか？なんて
あるある
ないないない
そして最後は疑問詞のついたやつだ
またー
日本語の「何」みたいなものですよ
なによ！
こんなふうです
你《ニ》吃《チ》什《シェヌ》么《モ》？
Nǐ chī shén me
あなた たべる なに
「什么」が「なに」だね
什么＝甚麼

「どこ」は
哪儿《ナル》です
你《ニ》去《チュイ》哪儿《ナル》?
Nǐ qù nǎr
あなた いく どこ
ほかにもあるけど
また後にしよう

ようするに
述語が胴で
主語と目的語が
頭とシッポになると
おぼえよう
これが
中国語の
基本です
フーン
主語
目的語
述語

コラム 1

この本でピンインに慣れよう！

この本は、日本一やさしい中国語の入門書です。せっかくお隣の国の言葉をおぼえようというのに、最初から難しい教科書じゃ、しんどいですからね。始めたばかりのみなさんが中国語を嫌いになったりしないように、極力簡単になっています。

でも一つだけ面倒なものが出てきます。中国語の漢字にはカタカナをつけましたが、もう一つ、小さいローマ字がついてます。これは「ピンイン」といって、中国語を学ぶ人は、いつか必ず必要になる表音表記法です。これはおぼえておいて損はない。

ピンインは、漢字の読み方をローマ字で表わして、四声の記号をつけたものです。日本で売っている中日辞典（ドラゴンズとは関係ありません。中国語—日本語辞典です）では、ピンインにしたがってアルファベット順に単語が並んでいますから、あるていどピンインをおぼえれば、自由に辞書を引けるようになりますよ。

それから、パソコンを使う人は、中国語のワープロソフトを使うときに重宝します。中国語は漢字の部首を組み合わせて入力する方法（とても難しいです）のほかに、ピンインを入力して漢字に変換する方法があるからです。

まあ、慣れないうちはカタカナを読みながらおぼえてください。それから、カタカナのふりがなの原則は、小学館『中日辞典』を参考にさせていただきました。この場を借りてお礼を申し上げます。

2章

四声のコツをおぼえよう

それでは次に四声《しせい》というのをやろう
声調《せいちょう》のことです
なによ
四声だの声調だのって
実は中国語には音楽のように節《ふし》があるんだ
それが四声です
なによむずかしいじゃないの!!
パパのウソツキ!
心配ないコーシン式発音法を使えばカンタンだよ
なによコーシン式って
日本人にいちばんおなじみの図形を使うのさ
??

それがこれだ!!
デーン
なによこれ!?
何に見える?
富士山でしょ
そう日本人なら誰でも知ってるこの形で四声をおぼえるのさ
どうやって?

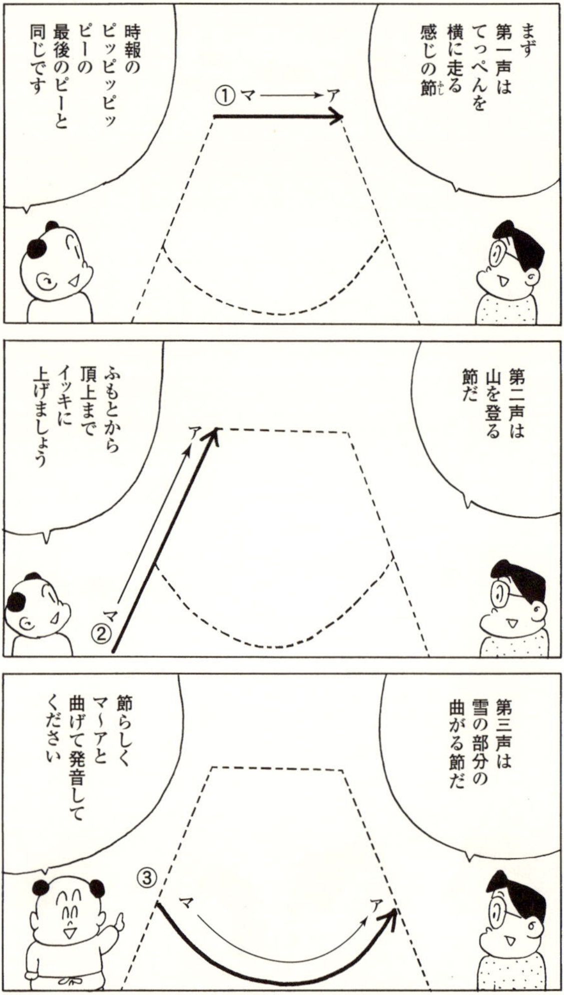

まず第一声はてっぺんを横に走る感じの節《ふし》
①マ→ア
時報のピッピッピッピーの最後のピーと同じです
第二声は山を登る節だ
②
マ
ア
ふもとから頂上までイッキに上げましょう
第三声は雪の部分の曲がる節だ
節らしくマ〜アと曲げて発音してください
③
マ
ア

第四声は
てっぺんから
イッキにふもとまで
下る節
④
マ
ア
第二声の反対です
カラスの「カア」
という感じです
この発音は
こういう記号で
表わされます
一声　二声　三声　四声
記号に
すると
声の高さが
わからなくなるけどね
なんで
そんなものが
あるのよ！
節で
意味が
違っちゃう
からだよ
え？
さっきの
マーで
みてみよう

同じ「マー」でも声の出し方によってこうなります
第一声
マ→ア
妈《おかあさん》
mā
第二声
マ
ア
麻《あさ》
má
第三声
マ
ア
马《うま》
mǎ
第四声
マ
ア
骂《しかる》
mà
あらま
马=馬　骂=罵

「マー」だけで四つも意味があるなんておかしいわよ!!
マーマー
マーマー
おー
すばらしい
ちゃんと
四声に
なっている

ようするに節と字が違うのね
そういうことです
そしてここが日本人にとってありがたいところさ
どうしてよ？
発音して通じなかったら
マー
？
字に書けばいい
マー
是
これは大事です中国語は日本人が唯一筆談できる外国語です
いつも厚いメモ用紙を持っているといいね

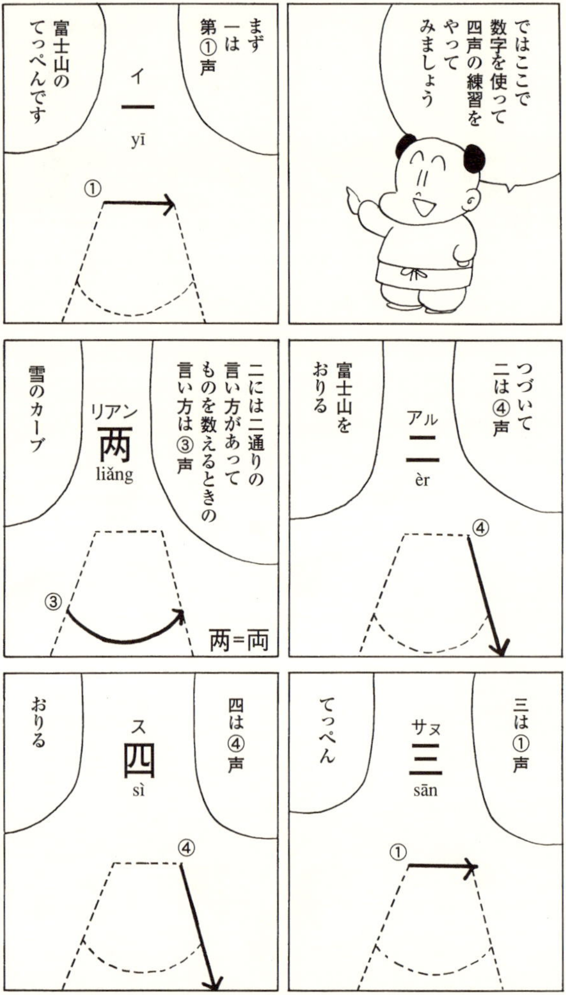

ではここで数字を使って四声の練習をやってみましょう
まず一は第①声
一《イ》
yī
富士山のてっぺんです
①
つづいて二は④声
二《アル》
èr
富士山をおりる
④
二には二通りの言い方があってものを数えるときの言い方は③声
两《リアン》
liǎng
雪のカーブ
③
两＝両
三は①声
三《サヌ》
sān
てっぺん
①
四は④声
四《ス》
sì
おりる
④

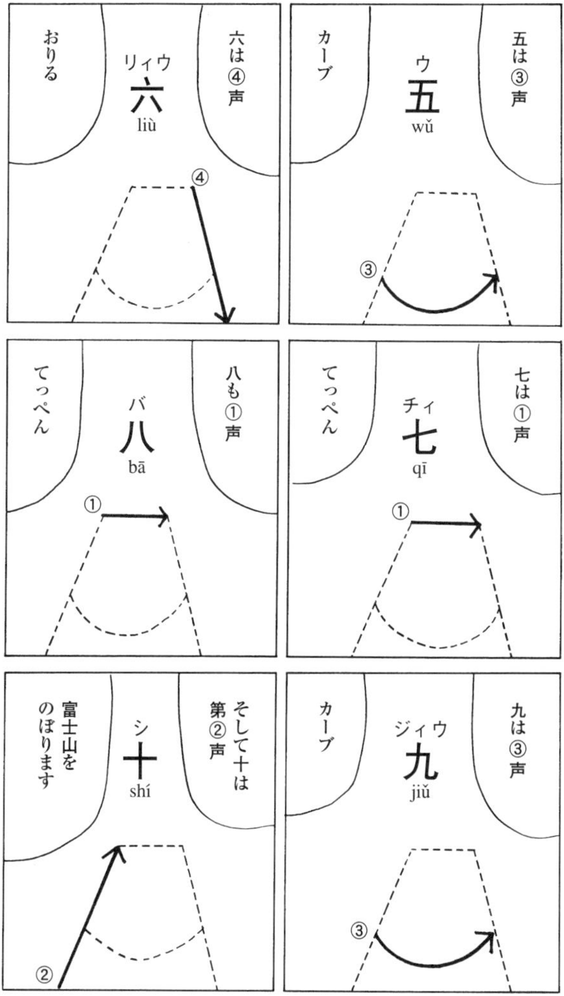
五は③声
ウ
五
wǔ
カーブ
③
六は④声
リィウ
六
liù
おりる
④
七は①声
チィ
七
qī
てっぺん
①
八も①声
バ
八
bā
てっぺん
①
九は③声
ジィウ
九
jiŭ
カーブ
③
そして十は第②声
シ
十
shí
富士山をのぼります
②

十から九十九までは日本と同じです
十《シ》一《イ》 shí yī
十《シ》二《アル》 shí èr
十《シ》三《サヌ》 shí sān
十《シ》四《ス》 shí sì
十《シ》五《ウ》 shí wǔ
十《シ》六《リィウ》 shí liù
十《シ》七《チィ》 shí qī
十《シ》八《バ》 shí bā
十《シ》九《ジィウ》 shí jiǔ
二《アル》十《シ》 èr shí
三《サヌ》十《シ》 sān shí
四《ス》十《シ》 sì shí
五《ウ》十《シ》 wǔ shí
六《リィウ》十《シ》 liù shí
七《チィ》十《シ》 qī shí
八《バ》十《シ》 bā shí
九《ジィウ》十《シ》 jiǔ shí
百はどうなるの？
一百という
一《イ》百《バイ》 yī bǎi
千も同じです
一《イ》千《チエヌ》 yī qiān
一千なのね
一万からはこんな感じです
一《イ》万《ワヌ》 yī wàn
十《シ》万《ワヌ》 shí wàn
一《イ》百《バイ》万《ワヌ》 yī bǎi wàn
一《イ》千《チエヌ》万《ワヌ》 yī qiān wàn
一万は英語のように十千（テン・サウザンド）にはならないんだ

四声は全部につくの？
いや そうじゃない 記号のついてないときもある
そういうときは前の音をひっぱって止めるんだ
これを軽声《けいせい》といいます
例えば おかあさんの妈妈は二つ目の妈が軽声になってマーマとなる
妈 マ→ア
マ 妈
軽声
終わりからちょっと下がったところです
二声の軽声もちょっと下がる
マ ア
マ
軽声
三声はちょっと上がったところ
マ ア
軽声 マ

四声は
同じところ
マーーアマ
軽声
ンモー

なんだか
ゴチャゴチャして
わかんないじゃ
ないの
もう一度
富士山で
見てみよう

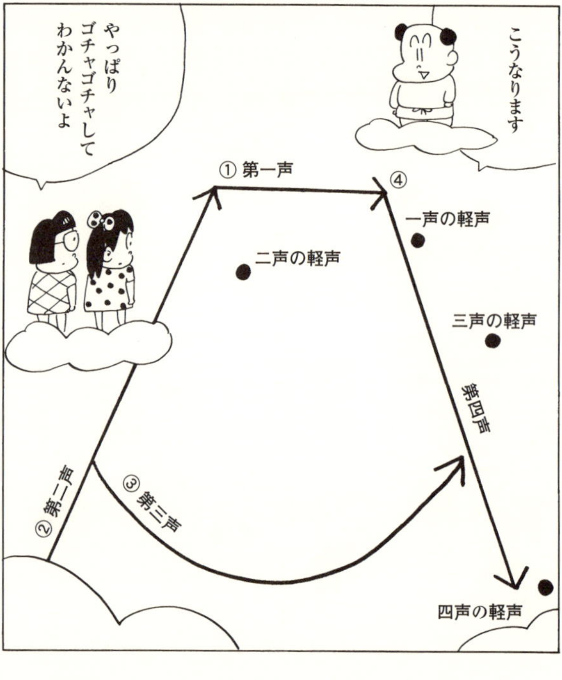
こうなります
やっぱり
ゴチャゴチャして
わかんないよ
① 第一声
④
一声の軽声
二声の軽声
三声の軽声
第四声
② 第二声
③ 第三声
四声の軽声

家族の言い方で練習してみようおかあさんはなんだっけ？
妈《マ》 ma
妈《マ》 mā
妈妈でしょ
同じようにおにいさんも一声と軽声です
哥《ゴォ》 ge
哥《ゴォ》 gē
こんな字見たことないよ
まァまァ
おじいさんは二声と軽声になります
爷《イエ》 ye
爷《イエ》 yé
この字もないよ
爷＝爺

※このページでは軽声を「・」で示していますが、ピンインでは軽声は表記しません。

四声と軽声はおとうさんだ
爸《バ》 ba
爸《バ》 bà
パパママって英語じゃなくて中国語だったの？
そうみたいね
よく知らないけど…
同じく妹も四声と軽声
妹《メイ》 mei
妹《メイ》 mèi
これは日本と同じね
とにかく習うより慣れよですよ
何度も言うように通じなかったら書けばいい
その字が問題なのよね

コラム

2 中国に出かけるときは、忘れずに

ぼくが中国語をおぼえたのは、テレビの仕事でレポーターとして中国に行かなければならなくなったからです。

実際に現地に行ってみると、ぼくが急ごしらえでおぼえた中国語くらいではまったく会話になりませんでした。でも、テレビの映像では、レポーターのぼくが現地の人に向かって「ニハオ」とか「これなあに?」と語りかけることが重要なんです。なんと答えてくれたのかはわかりませんが、ぼくが中国語で話しかけるから「絵」になり、視聴者に伝わるんですね。

この本を読んでくれているあなたも、最初はぼくと同じような使い方になるでしょう。中国語を話す機会といったら、観光か買い物、日本に来た人の相手をするくらいでしょう。「こんにちは」「私は日本人です」「これは何ですか?」ぐらいのもので、そんなに複雑な会話はしませんし、またできません。最初はそれでいいじゃないですか。

残念ながら、本では発音は伝えられません。それに、中国語の方言はすごくたくさんあるので、完璧《かんぺき》に北京語をマスターしたとしても、それがどこでも通じるとは限らない。もう、いっそのこと腹をくくって、筆談でいっちゃいましょう。

旅行に行くときは、厚いメモ帳と筆ペンを持って行くんです。広西《グァンシィ》チワン族自治区に行ったとき、筆ペンがすごくウケました。筆の文化の国ですからね。みんな、中国旅行には筆ペンを持って行きましょう。

3章

まずは、あいさつ

とにかく口ならしにあいさつの言葉を丸暗記しましょう
短いからカンタンだよ
暗記は苦手よ
ママもよ
字の直訳でおぼえましょう
どういうこと?
だから中国人のカタコトの日本語だよ
??
たとえばこれだ
你《ニ》好《ハオ》
Nǐ hǎo
これは知ってるわ「こんにちは」だ

なんで「こんにちは」かわかる？
わからないわよ
你が「あなた」で好が「よい」です
だから「こんにちは」は「あなたよい」とおぼえるのさ
你《ニ》好《ハオ》
Nǐ hǎo
あなた よい
ではこれはなんでしょう？
你《ニ》早《ザァオ》
Nǐ zǎo
あなた はやい
あなた早いって何よ？
さあ？
朝が早いってことだよ
わかった「おはよう」だ
だから「あなた・はやい」でおぼえる
なるほどね

また ていねいに言うときの 「あなた」は 「您《ニヌ》」になります
下に 心がつく んだ
您《ニヌ》
nín
どういう こと？

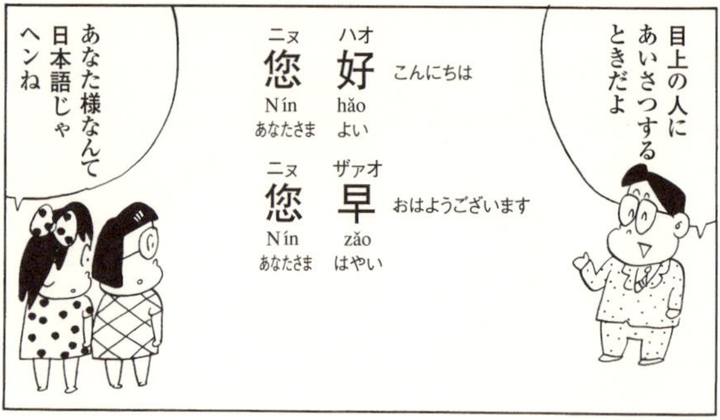

目上の人に あいさつする ときだよ
您《ニヌ》 好《ハオ》 こんにちは
Nín hǎo
あなたさま よい
您《ニヌ》 早《ザァオ》 おはようございます
Nín zǎo
あなたさま はやい
あなた様なんて 日本語じゃ ヘンね

また相手が 複数のときは 「们《メヌ》」をつける 日本語の 「たち」だ
你《ニ》们《メヌ》好《ハオ》
Nǐ men hǎo
「みなさん こんにちは」 ね
们＝們

おはようも同じ「みなさんおはよう」だ
你《ニ》们《メヌ》早《ザァオ》
Nǐ men zǎo
あなた たち はやい
ただ「早《ザァオ》」でも「おはよう」です
「わたし」は何だっけ?
えーと「我爱你」だから
そう「我」だね
我《ウオ》
wǒ
わたし
日本語の「われ」ね
これも「们」をつけるとわたしたちだ
我《ウオ》们《メヌ》
wǒ men
わたし たち
英語のweですよ

ついでに言うと彼・彼女はこうなる
他《タ》、她《タ》
tā tā
かれ かのじょ
字は違うけど発音は同じです
これも複数のときは
他《タ》们《メヌ》、她《タ》们《メヌ》
tā men tā men
かれ たち かのじょ たち
もうわかったわよ
これはもうおなじみですね
感謝の謝の字が二つで「ありがとう」だ
谢《シエ》谢《シエ》
Xiè xie
よく聞くわね
谢 = 謝

そう言われたら「どういたしまして」ですね
不《ブゥ》客《コォ》气《チィ》
Bù kè qi
気を つかうな
「客气《コォチィ》」が「気をつかう」で「不」はその否定だ
なるほどね
气 = 気
これはそのまま「はじめまして」
初《チュ》次《ツ》见《ジエヌ》面《ミエヌ》
Chū cì jiàn miàn
はじめて あう
初対面のときね
见 = 見
そして「どうぞよろしく」ですね
请《チン》多《ドゥオ》关《グアヌ》照《ジャオ》
Qǐng duō guān zhào
どうぞ たくさん おせわ
「请《チン》」はよく出てくるからしっかりおぼえよう
请 = 請　关 = 関

「こちらこそ」は丸暗記がいいね
彼《ビ》此《ツ》彼《ビ》此《ツ》
Bǐ cǐ bǐ cǐ
おたがい おたがい
ホントくり返すのが多いのね
これも丸暗記「すいません」だ
あやまる時です
对《ドォイ》不《ブゥ》起《チ》
Duì bu qǐ
すいません
これは使いそうね
对＝対
それに対しての「かまいません」はこれです
没《メイ》关《グアヌ》系《シィ》
Méi guān xì
かんけいない
関係が没《メイ》(ない)から「かまわない」になる
关系＝関係

これは「お手数をかけます」だ
麻《マ》烦《ファヌ》您《ニヌ》了《レェ》
Má fán nín le
めんどう かける あなたさま ら
了《レェ》はそのまま「ら」とおぼえたらいいです
烦 = 煩
それに対する「どういたしまして」はこれです
哪《ナ》里《リ》哪《ナ》里《リ》
Nǎ li nǎ li
どこ どこ
どこねえ
またくり返しだわ
同じような言い方でこんなのもあります
哪《ナ》儿《ル》的《デェ》话《ホア》
Nǎr de huà
どこ の はなし
日本語では「とんでもありません」だね
话 = 話

人を迎えるときの決まり文句です
欢《ホアヌ》迎《イン》欢《ホアヌ》迎《イン》
Huān yíng huān yíng
かんげい かんげい
これはそのままね
欢=歓
ひと仕事終わった人にはこう言おう
「おつかれさま」の意味です
辛《シヌ》苦《クゥ》辛《シヌ》苦《クゥ》
Xīn kǔ xīn kǔ
つらい くるしい つらい くるしい
ほんとに疲れた感じね
何かをたずねるときは「おたずねします」だ
请《チン》问《ウエヌ》
Qǐng wèn
どうぞ とう
「请」は「どうぞ」だったわね
问=問

大きくあやまるときは「お許しください」だ
请《チン》原谅《ユアヌリアン》
Qǐng yuán liàng
どうぞ ゆるす
使わないようにしなきゃね
谅＝諒
それに対する「大丈夫」はこれだ
不《ブゥ》要《ヤオ》紧《ジヌ》
Bù yào jǐn
かまわない
許してくれなかったらどうすんのよ
まァまァ
紧＝緊
人を送り出すときは「お気をつけて」だね
慢《マヌ》走《ゾォウ》
Màn zǒu
ゆっくり あるく
これは丸暗記しかないですね

そして
おなじみの
「さよなら」だ
再《ザァイ》见《ジエヌ》
Zài jiàn
また あう
「また会う」
から
「さよなら」に
なるのね
见＝見
「はい」という
返事は一言で
いい
是《シ》
shì
です
「そうです」の
「です」ね
「いいえ」も
一言だ
不《ブゥ》
bù
いいえ
英語の
NOです
「そのとおり」
も一言
对《ドォイ》
duì
对对《ドォイドォイ》と
二度言ったりします
对＝対
「OK」の
意味は
これ
好《ハオ》
hǎo
你好《ニハオ》の
好です

「よろしい」という
OKはこれです
行《シン》
xíng
なによ!!
なんだよ
いっぱい
あって
わかんないよ
ほんとよ
とにかく
不「NO」以外は
みんな「YES」と
おぼえれば
「よし」だ
YES
是《シ》
shì
対《ドォイ》
duì
好《ハオ》
hǎo
行《シン》
xíng
NO
不《ブゥ》
bù
いーかげんな

コラム

3　ぼくの中国訪問記

　一九九七年四月、テレビの仕事で中国・広西チワン族自治区にある、少数民族トン族の村を訪ねました。TBSの「神々のいたずら・すしの来た道」という番組の取材です。この村には鮨《すし》の祖先にあたる珍しい発酵食品があり、それを食べに行ったのです。
　ロケ隊は上海《シャンハイ》から入国しました。上海は大都会で、見るからに都会人といった人が大勢歩いています。次に広西の桂林《グォイリヌ》に飛びました。桂林は地方の中都会ですが、それでも東京の人混みと変わらないくらいの人がいました。ここからバスで延々六、七時間も山道を行くんです。「誰もいないんじゃないか」と思うような奥地の道です。ところがそこにたくさんのバスが通っていて、人、人、人の波。中国はどんな山奥に行っても人がいる、という感じです。
　トン族の村にも人がいっぱいいました。少数民族には一人っ子政策が適用されないので子どもも多い。日が暮れると鍬《くわ》を担いで畑から戻ってきます。それが一人や二人じゃない。延々と列を作って歩いている。ぼくはそれを見てちょっと泣けました。昔の自分を見るような気がしたからです。上海や桂林といった都会も中国ですが、ここも中国です。中国はべらぼうに広い。とにかく大勢の人がいるんです。大都会、中都会、田舎までをいっぺんに見て、ぼくは圧倒されました。
　鮨の味はどうだったかって？　ちゃんと飲み込んだよ、とだけ言っときましょう。

4章

かんたんな言葉から

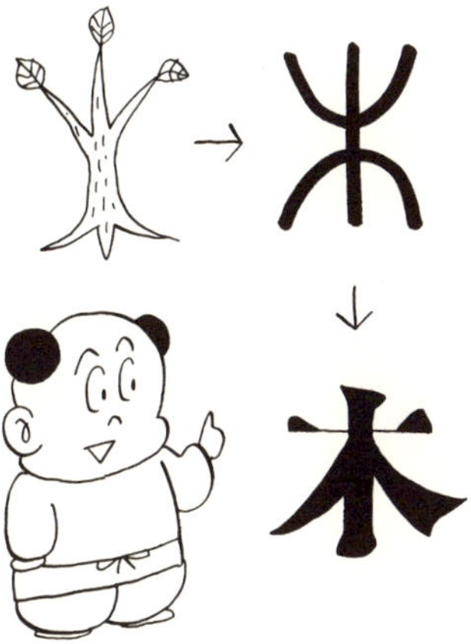

何度も言うけどコーシン式は中国人のカタコトの日本語をまねて中国語をおぼえようという方法だ
わかったわよもうそれは
少ない言いまわしとたくさんの単語をおぼえればたいがいのことは言える
通じなければ字に書けばいいです
そして基本はこれね
我《ウオ》愛《アイ》你《ニ》
Wǒ ài nǐ
わたし あいする あなた
こればっか

よーするにテニヲハがないのね
そういうこと
では「爱」を「去」にするとどうなる?
我 去
「私は去る」ってこと?
そうだけど「去」は中国語では「行く」という意味なんだ
へえ
我《ウオ》 去《チュイ》
Wǒ qù
わたし いく
これで「私は行きます」になります
目的語を入れてこうなります
我《ウオ》去《チュイ》日《ルイ》本《ベヌ》
Wǒ qù Rì běn
わたし いく にほん
「私は日本へ行きます」だ

では「あなたが日本へ行く」ならどうなる?
「わたし」を「あなた」にするんでしょ
「あなた」は何だった?
ンーと你《ニ》だ
そういうこと!こうなります
你《ニ》去《チュイ》日《ルィ》本《ベヌ》
Nǐ qù Rì běn
あなた いく にほん
でも訳したとき「あなたは行く」のか「あなたが行く」のかわかんないじゃない
それでいいんだよ中国語には「は」とか「が」はないんだ
「誰々・行く・どこどこ」なんです
ふーん

この誰々・なになにの「なになに」の部分は動詞も形容詞も同じだよ
どういうこと？
これは「忙しい」という意味だ
忙《マン》
máng
いそがしい
日本と同じ字だ
こうなります
他《タ》忙《マン》
Tā máng
かれ いそがしい
日本語では「彼は忙しい」なのね
あいさつでやった「よい」も同じだ
我《ウオ》好《ハオ》
Wǒ hǎo
わたし よい
「私は元気です」になります

主語を入れ替えていろんな述語をおぼえよう
我《ウオ》 wǒ わたし
你《ニ》 nǐ あなた
他《タ》 tā かれ
她《タ》 tā かのじょ
我们《ウオメヌ》 wǒmen わたしたち
你们《ニメヌ》 nǐmen あなたたち
他们《タメヌ》 tāmen かれたち
她们《タメヌ》 tāmen かのじょたち
必ず声に出したり字に書いたりしましょう
教《ジアオ》 jiāo
教えます
来《ライ》 lái
来ます
吃《チ》 chī
食べます
给《ゲイ》 gěi
与えます
给＝給

有《イオウ》
yǒu
持っています
叫《ジアオ》○○
jiào
（名前は）○○と言います
叫 = 叫
要《ヤオ》
yào
要《い》ります
在《ザァイ》
zài
在《あ》ります
百货商店
卖《マイ》
mài
売ります
卖 = 売
买《マイ》
mǎi
買います
买 = 買

到《ダオ》
dào
到着します

看《カヌ》
kàn
見ます

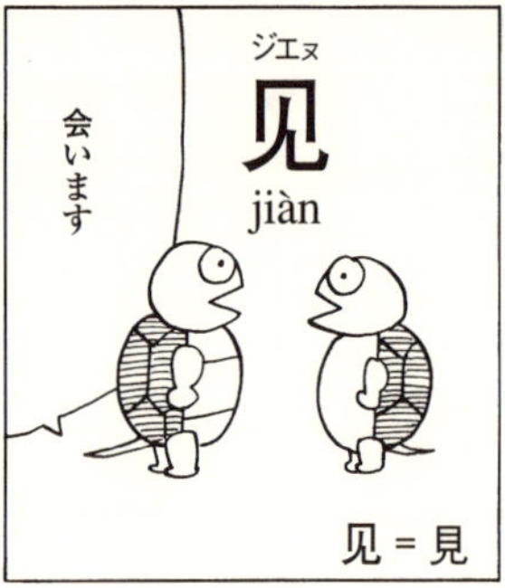
见《ジエヌ》
jiàn
会います
见 = 見

走《ゾォウ》
zǒu
歩きます

说《シュオ》
shuō
話します
说 = 説

听《ティン》
tīng
聴きます
听 = 聴

饿《オ》
è
饿＝餓
腹がへります
练《リエヌ》
liàn
练＝練
練習します
等《ドン》
děng
待ちます
贵《グォイ》
guì
贵＝貴
¥1000
値が高いです
想《シアン》
xiǎng
したいと思います
写《シエ》
xiě
写＝写
書きます

能《ノン》
néng
可能です
坐《ズオ》
zuò
乗ります
座ります
开《カイ》
kāi
開きます
運転します
开＝開
会《ホォイ》
huì
できます
大《ダ》
dà
大きいです
喝《ホ》
hē
飲みます

小《シアオ》
xiǎo
小さいです
打《ダ》
dǎ
打ちます
高《ガオ》
gāo
高いです
低《ディ》
dī
低いです
低 = 低
学《シュエ》
xué
学びます
进《ジヌ》
jìn
入ります
进 = 進

做《ズオ》
zuò
作ります
找《ジャオ》
zhǎo
探します
笑《シアオ》
xiào
笑います
住《ジュ》
zhù
住みます
泊まります
问《ウエヌ》
wèn
尋ねます
问＝問
哭《クゥ》
kū
泣きます

上《シャン》
shàng
上ります
下《シア》
xià
下ります
忘《ワン》
wàng
忘れます
酒
完《ワヌ》
wán
終わります
END
贴《ティエ》
tiē
貼《は》ります
贴＝貼
停《ティン》
tíng
停まります
バス

试《シ》
shì
試します
试 = 試
洗《シィ》
xǐ
洗います
受《ショウ》
shòu
受けます
拾《シ》
shí
拾います
加《ジィア》
jiā
足します
拉《ラ》
lā
引きます

回《ホォイ》
huí
帰ります
记《ジィ》
jì
覚えます
1675
6321
3945
记 = 記
放《ファン》
fàng
置きます
画《ホア》
huà
画《か》きます
画 = 画
带《ダイ》
dài
持ちます
带 = 帯
丢《ディウ》
diū
なくなります

出《チュ》
chū
出ます
尝《チャン》
cháng
味わいます
尝 = 嘗
唱《チャン》
chàng
歌います
包《バオ》
bāo
包みます
帮《バン》
bāng
助けます
帮 = 幇
订《ディン》
dìng
予約します
订 = 訂

換《ホアヌ》
huàn
換えます
換＝換
填《ティエヌ》
tián
記入します
交《ジアオ》
jiāo
渡します
疼《トン》
téng
痛いです
送《ソン》
sòng
贈ります
搬《バヌ》
bān
運びます

骑《チイ》
qí
乗ります
骑 = 騎

飞《フェイ》
fēi
飛びます
飞 = 飛

白《バイ》
bái
白いです

黑《ヘイ》
hēi
黒いです
黑 = 黒

短《ドアヌ》
duǎn
短いです

长《チャン》
cháng
長いです
长 = 長

修《シイウ》
xiū
直します
対《ドォイ》
duì
正しいです
站《チャン》
zhàn
立ちます
尖《ジエヌ》
jiān
鋭いです
少《シャオ》
shǎo
少ないです
多《ドゥオ》
duō
多いです

跑《パオ》
pǎo
逃げます
挑《ティアオ》
tiāo
えらびます
闻《ウエヌ》
wén
においをかぎます
闻＝聞
红《ホォン》
hóng
赤いです
红＝紅
黄《ホアン》
huáng
黄色いです
近《ジヌ》
jìn
近いです

远《ユアヌ》
yuǎn
遠いです
远＝遠
渴《コォ》
kě
のどがかわきます
快《クアイ》
kuài
はやいです
辣《ラ》
là
ひどいです
老《ラオ》
lǎo
年寄りです
冷《ロン》
lěng
寒いです

难《ナヌ》
nán
むずかしいです
难＝難
热《ルォ》
rè
あついです
热＝熱
瘦《ショウ》
shòu
やせています
胖《パン》
pàng
太っています
重《ジョォン》
zhòng
重いです
轻《チン》
qīng
軽いです
轻＝軽

甜《ティエヌ》
tián
あまいです
香《シアン》
xiāng
おいしいです
新《シヌ》
xīn
新しいです
好《ハオ》
hǎo
元気です
いいです
旧《ジィウ》
jiù
古いです
早《ザァオ》
zǎo
おはよう
早いです

看《カヌ》看《カヌ》
kàn kan
見てみます
考《カオ》慮《リュ》
kǎo lǜ
考えます
考えるカエル
慮＝慮
同《トォン》意《イ》
tóng yì
同意します
注《ジュ》意《イ》
zhù yì
注意します
知《ジ》道《ダオ》
zhī dào
知っています
照《ジャオ》相《シアン》
zhào xiàng
写真をとります

游《イオウ》泳《ヨン》
yóu yǒng
泳ぎます
游 = 遊
原《ユアヌ》谅《リアン》
yuán liàng
ゆるします
谅 = 諒
想《シアン》到《ダオ》
xiǎng dào
おもいつきます
有《イオウ》空《コォン》
yǒu kòng
ひまがあります
喜《シィ》欢《ホアヌ》
xǐ huan
好きです
欢 = 歓
下《シア》雨《ユィ》
xià yǔ
雨がふります

说《シュオ》明《ミン》
shuō míng
説明します
受《ショウ》伤《シャン》
shòu shāng
けがをします
伤＝傷
生《ション》病《ビン》
shēng bìng
病気になります
商《シャン》量《リアン》
shāng liang
相談します
上《シャン》班《バヌ》
shàng bān
つとめに出ます
认《ルェヌ》识《シ》
rèn shi
知り合います
认识＝認識

コラム

4　アッと驚く外来語

外国語を学んでいると、「日本語ってわかりやすいなあ」と実感します。日本語で育ったんだから当たり前なんですが。

日本語にはカタカナがありますよね。これは本当に偉いと思います。誰が始めたのか知りませんが、外来語をカタカナで表記するっていうのは大変便利。

中国語では外来語にも漢字を当てはめなければ表記できません。ホットドッグは「熱狗《ルオゴウ》」と書きます。最初、中国の屋台で「狗」という字を見たとき、「犬の肉？」と驚きましたが、売っていたのはただのホットドッグでした。

外来語は音訳する場合と意訳する場合があるんですが、意訳にはなかなかの傑作があります。たとえばコンピュータは「電脳《ディエヌナオ》」。すごくわかりやすいですね。コンピュータの二〇〇〇年問題（Y2Kとも言われる）は「千《チエヌ》年《ニエヌ》虫《チョオン》」。プログラムの不具合のことを英語でバグ（虫）と言いますから、これも見事な意訳です。

難しいのが音訳の場合。「克林頓《コオリヌドウヌ》」これ誰だかわかります？　クリントン大統領です。固有名詞はこの調子ですから、慣れるまでは大変です。

ではクイズ。次の言葉は何？

①麦当労《マイダンラオ》　②肯徳基《ケヌデエジイ》　③摩《モ》斯《ス》漢《ハヌ》堡《バオ》　④百《バイ》事《シ》可《コオ》楽《レエ》　⑤白宮《バイゴオン》　⑥微軟《ウエイルウワヌ》

（解答）①マクドナルド　②ケンタッキー　③モスバーガー　④ペプシコーラ　⑤ホワイトハウス　⑥マイクロソフト

※このコラムは、日中通信社刊『中国新語流行語事典』（張一帆・小島朋之監修）を参考にさせていただきました。

破《ポ》费《フェイ》
pò fèi
浪費します
费＝費
起《チィ》床《チョアン》
qǐ chuáng
起きます
没《メイ》有《イオウ》
méi yǒu
ありません
明《ミン》白《バイ》
míng bai
わかります
克《コォ》服《フゥ》
kè fú
克服します
旅《リュ》行《シン》
lǚ xíng
旅行します

来《ライ》得《デェ》及《ジィ》
lái de jí
まにあいます
来《ライ》不《ブゥ》及《ジィ》
lái bu jí
まにあいません
开《カイ》始《シ》
kāi shǐ
開始します
开 = 開
开《カイ》门《メヌ》
kāi mén
開門します
ひらけゴマ
门 = 門
介《ジエ》绍《シァオ》
jiè shào
紹介します
绍 = 紹
结《ジエ》婚《フヌ》
jié hūn
結婚します
结 = 結

欢《ホアヌ》迎《イン》
huān yíng
歓迎します
欢 = 歓
换《ホアヌ》车《チョ》
huàn chē
乗り換えます
换车 = 換車
关《グアヌ》门《メヌ》
guān mén
門をしめます
关门 = 関門
刮《グア》风《フォン》
guā fēng
風が吹きます
风 = 風
工《ゴォン》作《ズオ》
gōng zuò
仕事をします
告《ガオ》诉《スゥ》
gào su
伝えます
诉 = 訴

付《フゥ》钱《チエヌ》
fù qián
支払います
钱＝銭
感《ガヌ》冒《マオ》
gǎn mào
かぜをひきます
动《ドォン》身《シエヌ》
dòng shēn
出かけます
动＝動
发《ファ》烧《シアオ》
fā shāo
熱がでます
发烧＝発焼
访《ファン》问《ウエヌ》
fǎng wèn
訪問します
访问＝訪問
放《ファン》心《シヌ》
fàng xīn
安心します

睡《ショイ》觉《ジアオ》
shuì jiào
眠ります
觉＝覚
生《ション》气《チィ》
shēng qì
怒ります
跳《ティアオ》舞《ウ》
tiào wǔ
踊ります
听《ティン》懂《ドォン》
tīng dǒng
聞いてわかります
玩《ワ》儿《ル》
wánr
あそびます
习《シィ》惯《グアヌ》
xí guàn
慣れます
习＝習

担《ダヌ》心《シヌ》
dān xīn
心配します
答《ダ》应《イン》
dā ying
答えます
应=応
打《ダ》听《ティン》
dǎ ting
訪ねます
抽《チョウ》烟《イェヌ》
chōu yān
タバコを吸います
烟=煙
参《ツァヌ》加《ジィア》
cān jiā
参加します
いくらカンタンでも数がありすぎよ まだァ?
イライラ
そういう人はひとまずとばして103ページに進んでください

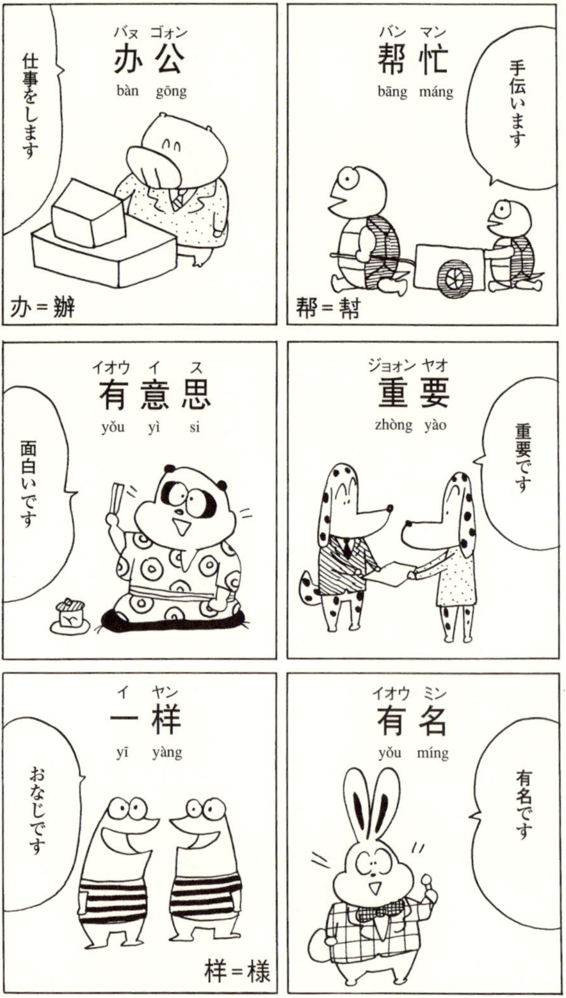

办《バヌ》公《ゴォン》
bàn gōng
仕事をします
办＝辦
帮《バン》忙《マン》
bāng máng
手伝います
帮＝幇
有《イオウ》意《イ》思《ス》
yǒu yì si
面白いです
重《ジョォン》要《ヤオ》
zhòng yào
重要です
一《イ》样《ヤン》
yī yàng
おなじです
样＝様
有《イオウ》名《ミン》
yǒu míng
有名です

可《コォ》以《イ》
kě yǐ
OKです
遺《イ》憾《ハヌ》
yí hàn
残念です
遗=遺
随《スォイ》便《ビエヌ》
suí biàn
きままです
危《ウエイ》险《シエヌ》
wēi xiǎn
危険です
险=険
舒《シュ》服《フゥ》
shū fu
快適です
顺《シュヌ》利《リ》
shùn lì
順調です
顺=順

热《ルォ》闹《ナオ》
rè nao
にぎやかです
热＝熱
容《ルウォン》易《イ》
róng yì
日本
やさしいです
便《ピエヌ》宜《イ》
pián yi
安いです
漂《ピアオ》亮《リアン》
piào liang
きれいです
年《ニエヌ》轻《チン》
nián qīng
若いです
暖《ヌアヌ》和《フオ》
nuǎn huo
あたたかいです

拿《ナ》手《ショウ》
ná shǒu
とくいです
闷《メヌ》热《ルオ》
mēn rè
むしあついです
闷＝悶
美《メイ》丽《リ》
měi lì
丽＝麗
美しいです
麻《マ》烦《ファヌ》
má fan
めんどうです
烦＝煩
流《リィウ》利《リ》
liú lì
りゅうちょうだ
你好吗
凉《リアン》快《クアイ》
liáng kuai
涼しいです
凉＝涼

客《コォ》气《チィ》
kè qi
えんりょします
气＝気

厉《リ》害《ハイ》
lì hai
ひどいです
厉＝厲

简《ジエヌ》单《ダヌ》
jiǎn dān
カンタンです
1978
6145
3743
6732
+4210
简单＝簡単

结《ジエ》实《シ》
jiē shi
丈夫です
结＝結
实＝実

好《ハオ》听《ティン》
hǎo tīng
よい音です

合《ホ》适《シ》
hé shì
ぴったりです
适＝適

吃＝喫
好《ハオ》吃《チ》
hǎo chī
おいしいです
好《ハオ》看《カヌ》
hǎo kàn
見てきれいです
干《ガヌ》燥《ザァオ》
gān zào
かわいています
高《ガオ》兴《シン》
gāo xìng
うれしいです
兴＝興
方便《ファンビエヌ》
fāng biàn
便利です
复《フゥ》杂《ザァ》
fù zá
複雑です
复杂＝複雑

苗条《ミアオティアオ》
miáo tiao
すらりとしてます
安《アヌ》静《ジン》
ān jìng
しずかです
差《チャ》不《ブゥ》多《ドゥオ》
chà bu duō
ほとんど同じです
带《ダイ》路《ルゥ》
dài lù
案内します
借《ジエ》给《ゲイ》
jiè gěi
貸します
给＝給
还《ホアヌ》给《ゲイ》
huán gěi
返します
还＝還

交《ジアオ》给《ゲイ》
jiāo gěi
渡します
送《ソン》给《ゲイ》
sòng gěi
送ります
买《マイ》给《ゲイ》
mǎi gěi
買ってあげます
买 = 買
赠《ゼン》给《ゲイ》
zèng gěi
贈ります
赠 = 贈
举《ジュ》行《シン》
jǔ xíng
とりおこないます
举 = 挙
下《シア》雪《シュエ》
xià xuě
雪がふります

溜《リィウ》达《ダ》
liū da
ぶらぶらします
达 = 達

看《カヌ》报《バオ》
kàn bào
新聞を見ます
报
报 = 報

努《ヌ》力《リ》
nǔ lì
努力します

复《フゥ》习《シィ》
fù xí
復習します
复习 = 復習

进《ジヌ》行《シン》
jìn xíng
進めます
进 = 進

流《リィウ》行《シン》
liú xíng
流《は》行《や》ります

とまァ
こんなところが
述語になる
言葉だ
動詞も
形容詞も
いっしょです
一字か二字で
たいがいのことは
話せちゃうのね
だから
中国人の
日本語が
ヘンに聞こえる
のさ
他《タ》小《シアオ》
Tā xiǎo
かれ ちいさい
我《ウオ》大《ダ》
Wǒ dà
わたしおおきい
「は」や「が」が
まったく
ないのね
これうまい
あなた悪い
それよい
これみな
中国語ある
なんと
なく
わかってきたわ
わからないよ

でも この動詞は 現在でしょ
過去は どう なるの？
とりあえず 三つの言い方を おぼえよう
この 三つです
着《ジョ》、了《レェ》、过《グオ》
zhe le guò
ジョ・レェ・グオと おぼえよう
動詞の後に 「着《ジョ》」をつけると 現在進行形に なるんだ
吃《チ》着《ジョ》
chī zhe
たべている
えっ そうなの！

「了《レェ》」をつければ完了形だ
了の字が同じだからわかりやすいですね
吃《チ》了《レェ》
chī le
たべ た
へーそうなんだ
そして「过《グオ》」は経験になる
吃《チ》过《グオ》
chī guo
たべたことがある
过＝過
あらまァ
過去や未来は前後の言葉で判断するんだ昨日とか明日とかだよ
とにかく「了」と「过」をおぼえましょう

去《チュイ》了《レェ》
qù le
行きました
去《チュイ》过《グオ》
qù guo
行ったことがあります
百货
来《ライ》了《レェ》
lái le
来ました
来《ライ》过《グオ》
lái guo
来たことがあります
听《ティン》了《レェ》
tīng le
聴きました
听《ティン》过《グオ》
tīng guo
聴いたことがあります

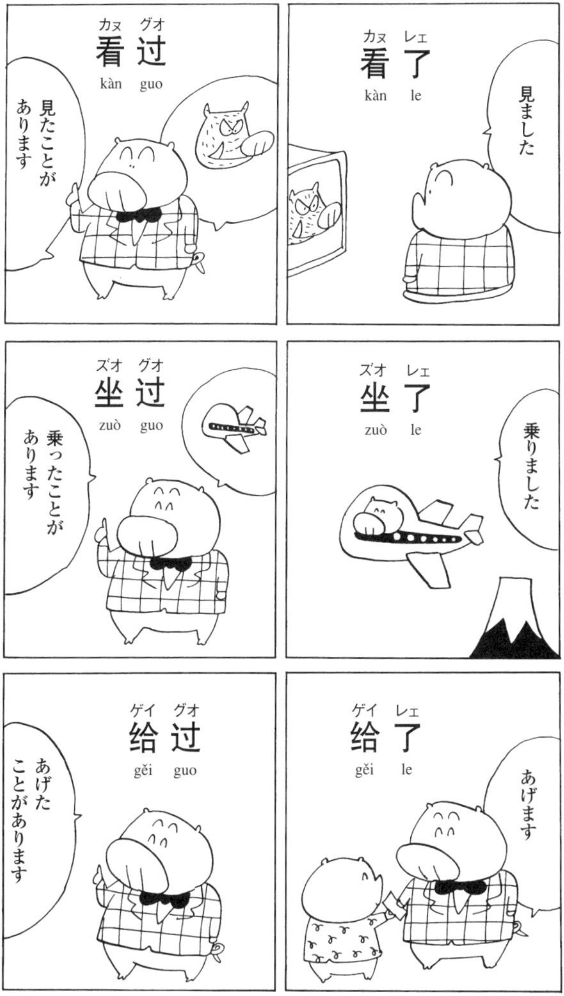
看《カヌ》过《グオ》
kàn guo
見たことがあります
看《カヌ》了《レェ》
kàn le
見ました
坐《ズオ》过《グオ》
zuò guo
乗ったことがあります
坐《ズオ》了《レェ》
zuò le
乗りました
给《ゲイ》过《グオ》
gěi guo
あげたことがあります
给《ゲイ》了《レェ》
gěi le
あげます

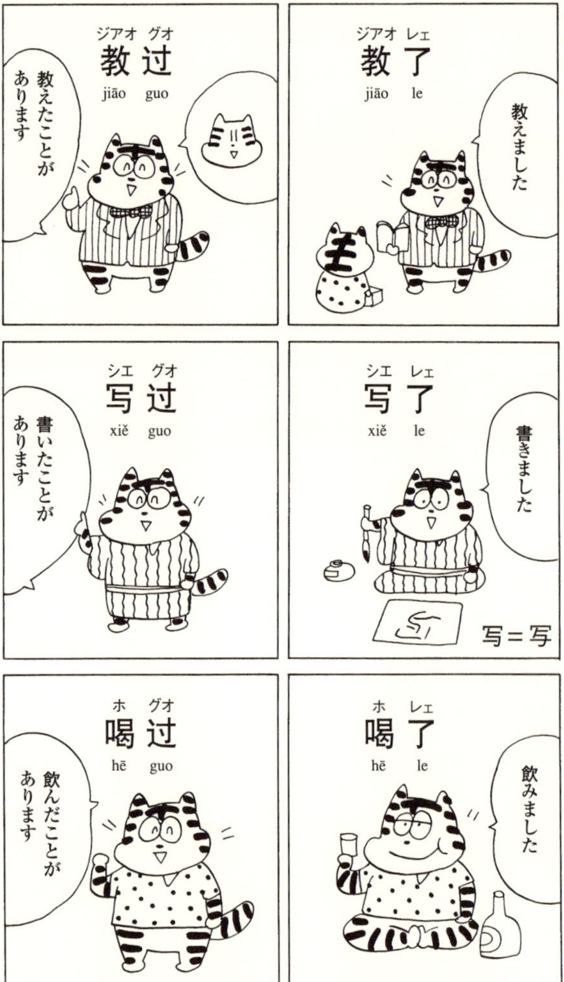

教《ジアオ》过《グオ》
jiāo guo
教えたことがあります
教《ジアオ》了《レェ》
jiāo le
教えました
写《シエ》过《グオ》
xiě guo
書いたことがあります
写《シエ》了《レェ》
xiě le
書きました
写＝写
喝《ホ》过《グオ》
hē guo
飲んだことがあります
喝《ホ》了《レェ》
hē le
飲みました

住《ジュ》了《レェ》
zhù le
住みました
泊まりました
饭店
住《ジュ》过《グオ》
zhù guo
住んだ（泊まった）ことがあります
饭店
买＝買
买《マイ》了《レェ》
mǎi le
買いました
买《マイ》过《グオ》
mǎi guo
買ったことがあります
卖＝売
卖《マイ》了《レェ》
mài le
売りました
卖《マイ》过《グオ》
mài guo
売ったことがあります

コラム 5

作家・宮城谷昌光《みやぎたにまさみつ》さんのこと

作家の宮城谷昌光先生はぼくと同い年で、同郷の愛知県蒲郡《がまごおり》市出身です。ぼくが豊岡《とよおか》町で彼は隣の三谷《みや》町です。

宮城谷さんは早稲田大学の英文学出身で、英語を読む力で中国の文献を読んだのだそうです。学習塾の講師をしながら執筆した『天空の舟』でデビューし、『夏姫春秋《かきしゅんじゅう》』で直木賞を受賞されてから一躍人気作家になりました。

ぼくなんかは、中国の古い歴史は講談や落語でしか知りません。宮城谷さんの作品『重耳《ちょうじ》』『晏子《あんし》』『楽毅《がっき》』などがすごいのは、春秋や戦国時代の歴史上の人物たちを実に生き生きと描いていることです。日本人がよく知っていて感情移入できる中国の物語といえば、『項羽《こうう》と劉邦《りゅうほう》』『三国志《さんごくし》』、あとは『水滸伝《すいこでん》』くらいじゃないでしょうか。しかし宮城谷さんは、もっと大昔の、誰も知らないような人物たちを描いて、ことごとくベストセラーになっています。

宮城谷さんの人生そのものがいくつかの中国の格言を思わせます。だいたい人間なんて、締切りがあったり誰かに催促されなければ一枚の原稿も書けないものなんです。ところが宮城谷さんはまったく注文のない原稿を一人黙々と書きつづけた。

為政者から疎《うと》まれながら膨大な『史記《しき》』を完成させた司馬遷《しばせん》や、年取ってから政治の舞台に登場した太公望《たいこうぼう》を連想します。宮城谷さん自身が中国の古代人に似ているんですね。

5章

「BEは是《シ》」です

次は「です」という大事な述語だ
英語のbeですね
beって何よ?
amとかareとかisのことよ
学校で習ったでしょ
それが「是《シ》」「です」だよ
是《シ》
shì
です
日本語なら「これ」ね
ふーん
だから自己紹介もこうなった
我《ウオ》是《シ》日《ルィ》本《ベヌ》人《ルェヌ》
Wǒ shì Rì běn rén
わたし です にほん じん
そうか

つまり英語の「アイ・アム・ジャパニーズ」といっしょさ
我 是 日本人
I am Japanese
なるほどね
主語が変わっても同じです
你《ニ》 是《シ》 中《ジョォン》 国《グオ》 人《ルェヌ》
Nǐ shì Zhōng guó rén
You are Chinese
いつも「是」のままだ
だから「是はbe」「beは是」「です」とおぼえよう
be = 是
ビー は シです
よけいややっこしいよ
まァまァ

我《ウオ》是《シ》学生《シュエション》
Wǒ shì xué sheng
わたし です がくせい
私は学生です
我们《ウオメヌ》是《シ》学生《シュエション》
Wǒ men shì xué sheng
わたしたち です がくせい
私たちは学生です
您《ニヌ》是《シ》老师《ラオシ》
Nín shì lǎo shī
あなた です せんせい
あなたは先生です
你《ニ》是《シ》同事《トンシ》
Nǐ shì tóng shì
あなた です どうりょう
あなたは同僚です
她《タ》是《シ》职员《ジユアヌ》
Tā shì zhí yuán
かのじょ です しょくいん
彼女はOLです
职＝職
他《タ》是《シ》朋友《ポンイオウ》
Tā shì péng you
かれ です ともだち
彼は友人です

妈《マ》妈《マ》、爸《バ》爸《バ》
mā ma bà ba
おかあさん
おとうさん
奶《ナイ》奶《ナイ》、爷《イエ》爷《イエ》
nǎi nai yé ye
おばあさん
おじいさん
妹《メイ》妹《メイ》、弟《ディ》弟《ディ》
mèi mei dì di
いもうと
おとうと
姐《ジエ》姐《ジエ》、哥《ゴォ》哥《ゴォ》
jiě jie gē ge
おねえさん
おにいさん
老《ラオ》人《ルェヌ》
lǎo rén
年寄り
姐《ジエ》妹《メイ》、兄《ション》弟《ディ》
jiě mèi xiōng dì
しまい
きょうだい

この「是」でコレとかアレも言えます
これ
あれ
です
英語のthisとthatだよ
それが这《ジョ》と那《ナ》です
这《ジョ》是《シ》、那《ナ》是《シ》
Zhè shì Nà shì
これ です あれ です
ジョこれナあれね
日本人におなじみの言い方です
这《ジョ》是《シ》笔《ビ》
Zhè shì bǐ
これ です ペン
これはペンですジィスイズアペンだ
This is a pen
笔=筆

ザットイズは こうなる
那《ナ》是《シ》香《シアン》烟《イェヌ》
Nà shì xiāng yān
あれ です タバコ
「あれは タバコです」です
このモノというときは 个《ゴォ》を入れます
日本語の 個の字だ
这《ジョ》个《ゴォ》 このもの
zhè ge
那《ナ》个《ゴォ》 あのもの
nà ge
ただの 矢印 じゃないの
まァまァ
个＝個・箇
また「里《リ》」や「儿《アル》」の字を つけると場所に なります
这《ジョ》儿《ル》、这《ジョ》里《リ》 ここ
zhèr zhè li
那《ナ》儿《ル》、那《ナ》里《リ》 あそこ
nàr nà li
カタカナの ルじゃないの
まァまァ

とりあえず物が「是」で言えるようになる
这《ジョ》 zhè これ
那《ナ》 nà あれ
是《シ》 shì です
場所はまた後でね
这《ジョ》是《シ》提包《ティバオ》
Zhè shì tí bāo
これ です ハンドバッグ
これはハンドバッグです
那《ナ》是《シ》钱包《チエヌバオ》
Nà shì qián bāo
あれ です サイフ
あれはサイフです
落としちゃった
これとあれしかないの？
「それ」のときはどうすんのよ
実は中間はないんだ
そのへんはテキトーにやってください

月日・時間・曜日
この「是」の「です」で月日や時間や曜日が言えます
日本語と同じね
発音の練習でやった数字が役に立ちます
えーと何だっけ？
これですね
一《イ》 yī 二《アル》 èr 三《サヌ》 sān 四《ス》 sì 五《ウ》 wǔ
六《リィウ》 liù 七《チィ》 qī 八《バ》 bā 九《ジィウ》 jiǔ 十《シ》 shí

これでまず
曜日を
言ってみよう
えー
なんで数字が
曜日なのよ
これが
日本と違う
ところです
中国語の
曜日は
数字なんだ
ヘエー
こうなる
月曜日 星《シン》期《チィ》一《イ》 xīng qī yī
火曜日 星《シン》期《チィ》二《アル》 xīng qī èr
水曜日 星《シン》期《チィ》三《サヌ》 xīng qī sān
木曜日 星《シン》期《チィ》四《ス》 xīng qī sì
金曜日 星《シン》期《チィ》五《ウ》 xīng qī wǔ
土曜日 星《シン》期《チィ》六《リィウ》 xīng qī liù
日曜日 星《シン》期《チィ》天《ティエヌ》 xīng qī tiān
書き言葉（星《シン》期《チィ》日《ルィ》） xīng qī rì
へんなの

一曜日二曜日とおぼえるといい
日曜は「日」か「天」だ
星期《シンチィ》は「週」という意味です
上《シャン》星《シン》期《チィ》＝先週
shàng xīng qī
下《シア》星《シン》期《チィ》＝来週
xià xīng qī
「是」を使ってこう言えます
今《ジヌ》天《ティエヌ》是《シ》星《シン》期《チィ》二《アル》
Jīn tiān shì xīng qī èr (※)
きょう です かようび
「今日は火曜日です」だ
今天《ジヌティエヌ》というのは今日のことです
昨《ズオ》天《ティエヌ》、今《ジヌ》天《ティエヌ》、明《ミン》天《ティエヌ》
zuó tiān jīn tiān míng tiān
きのう きょう あした
なんとなく字でわかるわね

※是（です）を略すこともあります。

こうなります
一《イ》（月曜日）
二《アル》（火曜日）
三《サヌ》（水曜日）
是《シ》星《シン》期《チィ》
昨《ズオ》天《ティエヌ》
今《ジヌ》天《ティエヌ》
明《ミン》天《ティエヌ》
なるほどね
曜日の次は日付です
月《ユエ》と号《ハオ》であらわすんだ
○月《ユエ》○号《ハオ》
yuè hào
へんなの
月はわかるけど
号が日の代わりになります
今天《ジヌティエヌ》 是《シ》 二《アル》月《ユエ》三《サヌ》号《ハオ》
Jīn tiān shì èr yuè sān hào
きょう です 2 がつ 3 にち
書くときは日本と同じ日(ルイ)でいいよ

今度は時刻です これも日本とちょっとだけ違います
一《イ》点《ディエヌ》五《ウ》分《フェヌ》
yī diǎn wǔ fēn
1 じ 5 ふん
ふーん
「時」が「点」になるのさ 分や秒は同じ
それと二《アル》が両《リアン》になります
两《リアン》点《ディエヌ》＝2じ
liǎng diǎn
两《リアン》分《フェヌ》＝2ふん
liǎng fēn
两《リアン》秒《ミアオ》＝2びょう
liǎng miǎo
両という字だから二なのさ
两＝両
15分を一刻《コォ》といい 45分は三刻になる 30分は日本と同じ半《バヌ》だ
一点《イディエヌ》
yī diǎn
1
3
6
9
一《イ》刻《コォ》
yī kè
半《バヌ》
bàn
三《サヌ》刻《コォ》
sān kè
なんとなくわかるわね

コラム

6 宮城谷作品の魅力とは

宮城谷昌光さんの作品の魅力は中国の古代の人物が生き生きと描かれていることですが、元はといえば中国という国が古くて、しかもその歴史がきちんと書き残されているからだと思います。中国ではいくつもの王朝が興《おこ》っては滅び、興っては滅びして歴史が積み重ねられてきました。そして歴史家のなかには司馬遷のように皇帝の怒りに触れて去勢《きょせい》の刑罰を受けたのに、石にかじりつきながら歴史を書き残す人がいる。

宮城谷さんの作品の多くは、春秋や戦国といった乱世の時代が舞台です。統一王朝は、秦《しん》の始皇帝《しこうてい》のように、絶大な権力をふるう皇帝がいて、周りはみんな平伏している、というイメージがあります。だから逆に、宮城谷さんが好んでテーマにするごちゃごちゃした時代のほうがおもしろい。ひとつにまとまっていないから、いろいろなエネルギーがあるんでしょうね。

また、権力をつかみそこねたり時流に乗れなかったりして、落ちこぼれた人物もいる。これも魅力的です。

いまも宮城谷さんは書きたいテーマが山積みしていて、健筆をふるっておられます。大勢の読者が彼の作品を待っていて、海外でも人気です。

韓国語に訳された『重耳』を、「ハングルなら高さんでしょう」ということでいただきました。宮城谷さんの作品はぼくも楽しみにしているので、これからもずっとがんばっていただきたいです。

6章

否定と疑問

さて ここまでは全部 肯定形でしたが これらの否定形は 何でしたか？
「不《ブゥ》」を つけるんで しょ
えらい えらい よくおぼえて いた
我《ウオ》不《ブゥ》去《チュイ》
Wǒ bù qù
わたし いかない
私は行きません
他《タ》不《ブゥ》来《ライ》
Tā bù lái
かれ こない
彼は来ません
你《ニ》不《ブゥ》是《シ》美《メイ》国《グオ》人《ルェヌ》
Nǐ bù shì Měi guó rén
あなた ではない アメリカひと
あなたは アメリカ人では ない
她《タ》不《ブゥ》好《ハオ》
Tā bù hǎo
かのじょ よくない
彼女は 元気ではありません

形容詞はみな「不」ですが動詞の「有」は「没」で否定します
没《メイ》有《イオウ》
méi yǒu
もっていない
「有」は「ある・持っている」の意味だ
しかし他の動詞に「没」がつくと「まだ～していない」という意味になります
不《ブゥ》来《ライ》 こない
bù lái
没《メイ》来《ライ》 きていない
méi lái
えっ そうなの
他《タ》不《ブゥ》去《チュイ》
Tā bù qù
かれ いかない
彼は行きません
他《タ》没《メイ》去《チュイ》
Tā méi qù
かれ いっていない
彼は行っていませんでした

「吗《マ》」は「か」
ma
疑問①
疑問のいちばんカンタンなのは何だっけ
ンーとねお尻に「吗《マ》」をつけること
いちいち見ないの
そう疑問は「吗《マ》か？」とおぼえましょう
他《タ》大《ダ》吗《マ》？
Tā dà ma?
かれ おおきい か
「彼は大きいですか？」だ
他《タ》去《チュイ》吗《マ》？
Tā qù ma?
かれ いく か
彼は行きますか？
你《ニ》吃《チ》吗《マ》？
Nǐ chī ma?
あなた たべる か
あなたは食べますか？

你《ニ》吃《チ》了《レェ》吗《マ》？
Nǐ chī le ma?
あなた たべた か
あなたは食べましたか？
他《タ》去《チュイ》了《レェ》吗《マ》？
Tā qù le ma?
かれ いった か
彼は行きましたか？
你《ニ》吃《チ》过《グオ》吗《マ》？
Nǐ chī guo ma?
あなた たべたことある か
あなたは食べたことありますか？
他《タ》去《チュイ》过《グオ》吗《マ》？
Tā qù guo ma?
かれ いったことある か
彼は行ったことがありますか？
他《タ》是《シ》中《ジョォン》国《グオ》人《ルェヌ》吗《マ》？
Tā shì Zhōng guó rén ma?
かれ です ちゅうごくじん か
彼は中国人ですか？
你《ニ》是《シ》日《ルィ》本《ベヌ》人《ルェヌ》吗《マ》？
Nǐ shì Rì běn rén ma?
あなた です にほんじん か
あなたは日本人ですか？

疑問②は反復疑問といいます
去《チュイ》不《ブゥ》去《チュイ》？
qù bù qù?
いく いかない
疑問②
肯定と否定を一度に言えばいいんだ
他《タ》来《ライ》不《ブゥ》来《ライ》？
Tā lái bù lái?
かれ くる こない
彼は来ますか？
你《ニ》去《チュイ》不《ブゥ》去《チュイ》？
Nǐ qù bù qù?
あなた いく いかない
あなた行きますか？
她《タ》吃《チ》不《ブゥ》吃《チ》？
Tā chī bù chī?
かのじょ たべる たべない
彼女は食べますか？
你《ニ》忙《マン》不《ブゥ》忙《マン》？
Nǐ máng bù máng?
あなた いそがしい いそがしくない
あなたは忙しいですか

ところで不《ブゥ》で否定できない動詞がありましたよね
有《イオウ》没《メイ》有《イオウ》
yǒu méi yǒu
ンーと何だっけ?
有《イオウ》(持つ)だ
ですから有はこうなります
你《ニ》有《イオウ》没《メイ》有《イオウ》哥《ゴォ》哥《ゴォ》?
Nǐ yǒu méi yǒu gē ge?
あなた もつ もたない にいさん
「あなたにはお兄さんがいますか?」だ
そしておなじみ是《シ》動詞
你《ニ》是《シ》不《ブゥ》是《シ》日《ルィ》本《ベヌ》人《ルェヌ》?
Nǐ shì bù shì Rì běn rén?
あなた です ではない にほんじん
「あなたは日本人ですか?」だ

そして疑問③は疑問詞のついたものです
なに・だれ・どこ・どれ
…etc.
疑問③
英語の5W1Hみたいなものだね

まずは「なに」です
英語のWhatだよ
什《シエヌ》么《モ》
shén me
なに
なにね

你《ニ》吃《チ》什么《シエヌモ》?
Nǐ chī shén me?
あなた たべる なに
あなたはなにを食べますか?
我《ウオ》吃《チ》炒饭《チャオファヌ》
Wǒ chī chǎo fàn
わたし たべる チャーハン
私はチャーハンを食べます

つまり炒饭のところがわからないから什么で訊《き》いているわけだ
什么＝炒饭
なに　チャーハン
なるほどね
ニ ヤオ シェヌ モ
你要什么?
Nǐ yào shén me?
あなた いる なに
あなたは何が要りますか?
ニ ゲイ ウオ シェヌ モ
你给我什么?
Nǐ gěi wǒ shén me?
あなた くれる わたし なに
あなたは私に何をくれますか?
是動詞ならこうなる
ジョ シ シェヌ モ
这是什么?
Zhè shì shén me?
これ です なに
これは何ですか?
ジョ シ シアン イェヌ
这是香烟
Zhè shì xiāng yān
これ です タバコ
これはタバコです

「あれ」ならこうなる
那《ナ》是《シ》什么《シェヌモ》?
Nà shì shén me?
あれ です なに
あれは何ですか?
那《ナ》是《シ》 提包《ティバオ》
Nà shì tí bāo
あれ です ハンドバッグ
あれはハンドバッグです
また「什么」に「时候《シホウ》」をつけると「いつ」になります
什么《シェヌモ》时候《シホウ》 开门《カイメヌ》?
Shén me shí hou kāi mén?
いつ ひらく
いつ開きますか?
英語のWhenだね
时=時
什么《シェヌモ》书《シュ》?
Shén me shū?
なに 本
何の本ですか?
书=書
什么《シェヌモ》水果《ショイグオ》?
Shén me shuǐ guǒ?
どんな くだもの
どんな果物ですか?

次は「だれ」だ
英語のWhoだね
谁《ショイ》 だれ
shuí
人のところに入れればOKです
谁＝誰
他《タ》是《シ》谁《ショイ》？
Tā shì shuí?
かれ です だれ
彼は誰ですか？
你《ニ》是《シ》谁《ショイ》？
Nǐ shì shuí?
あなた です だれ
あなたは誰ですか？
谁《ショイ》吃《チ》炒饭《チャオファヌ》？
Shuí chī chǎo fàn?
だれ たべる チャーハン
誰がチャーハンを食べますか？
谁《ショイ》去《チュイ》中《ジョォン》国《グオ》？
Shuí qù Zhōng guó?
だれ いく ちゅう ごく
誰が中国へ行きますか？

次は「どこ」英語のWhereだ
哪儿《ナル》 どこ
nǎr
ナルです
ナルほどね
こうナル
你《ニ》去《チュイ》哪儿《ナル》?
Nǐ qù nǎr ?
あなた いく どこ
「あなたはどこへ行きますか?」です
ちょっと待って「あそこ」というのもたしか「ナル」だったんじゃないの
そうだよ
那儿《ナル》
nàr
あそこ
エライエライよくおぼえていた

中国語では「ここ」と「あそこ」しかありません
这《ジョ》儿《ル》、那《ナ》儿《ル》
zhèr nàr
ここ あそこ
だから「そこ」はどちらかで間に合わせるんだ
で「どこ？」と「あそこ」は字と発音が違います
那《ナ》儿《ル》、哪《ナ》儿《ル》
nàr nǎr
あそこ どこ
「どこ」が三声で「あそこ」が四声だ ナール↗と上げて訊くとおぼえよう
こうナール
厕所《ツォスオ》 在《ザァイ》 那《ナ》儿《ル》
Cè suǒ zài nàr
トイレ ある あそこ
厕所《ツォスオ》 在《ザァイ》 哪《ナ》儿《ル》？
Cè suǒ zài nǎr ?
トイレ ある どこ
トイレはどこですか？
トイレはあそこにあります
厕＝廁

この这《ジョ》と那《ナ》は个《ゴォ》をつけるとモノになります
这《ジョ》个《ゴォ》、那《ナ》个《ゴォ》、哪《ナ》个《ゴォ》
zhè ge　nà ge　nǎ ge
これ　あれ　どれ
そして哪《ナ》个《ゴォ》は「どれ」になる
Whichだね

こうなる
提包《ティバオ》是《シ》哪《ナ》个《ゴォ》?
Tí bāo shì nǎ ge?
ハンドバッグです　どれ
提包《ティバオ》是《シ》这《ジョ》个《ゴォ》
Tí bāo shì zhè ge
ハンドバッグです　これ
ハンドバッグはどれですか?
ハンドバッグはこれです

国をつければ「どの国」だ
你《ニ》是《シ》哪《ナ》国《グオ》人《ルェヌ》?
Nǐ shì nǎ guó rén?
あなた　です　どのくに　ひと
あなたは何国人ですか?
なるほどね

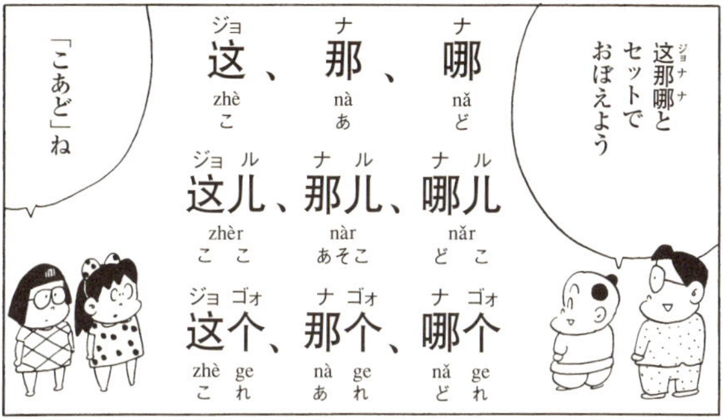
这那哪《ジョナナ》とセットでおぼえよう
这《ジョ》、那《ナ》、哪《ナ》
zhè nà nǎ
こ あ ど
这儿《ジョル》、那儿《ナル》、哪儿《ナル》
zhèr nàr nǎr
ここ あそこ どこ
这个《ジョゴォ》、那个《ナゴォ》、哪个《ナゴォ》
zhè ge nà ge nǎ ge
これ あれ どれ
「こあど」ね

次はこれ「几《ジィ》」だ
How many かな
几《ジィ》
jǐ
なによ これ
見たことも ない字

実はこれは 幾という 字なんだ
几《ジィ》＝幾《いくら》
い、い、いくら なんでも 略しすぎね
風かと 思ったよ

ですから この字で 数を訊く ことができます
先に習った 時間・曜日・月日 だよ
几《ジィ》
jǐ
なん だっけ?

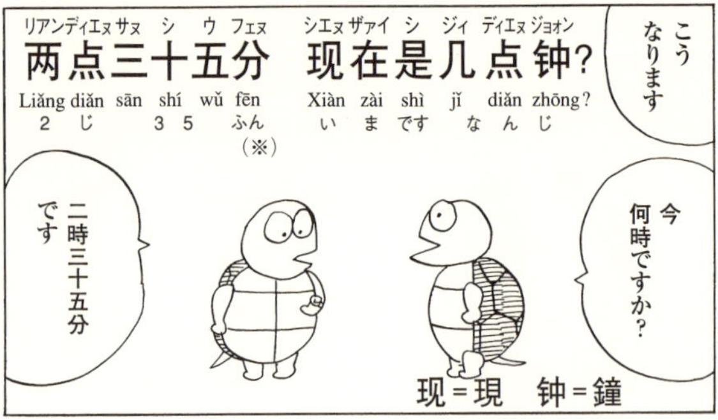
こう なります
现《シエヌ》在《ザァイ》是《シ》几《ジィ》点《ディエヌ》钟《ジョオン》?
Xiàn zài shì jǐ diǎn zhōng?
いま です なんじ
两《リアン》点《ディエヌ》三《サヌ》十《シ》五《ウ》分《フェヌ》
Liǎng diǎn sān shí wǔ fēn
2じ 35 ふん (※)
今 何時ですか?
二時三十五分 です
现=現 钟=鐘

曜日も
今《ジヌ》天《ティエヌ》 是《シ》 星《シン》期《チィ》几《ジィ》?
Jīn tiān shì xīng qī jǐ?
きょう です いくつようび?
星《シン》期《チィ》二《アル》
Xīng qī èr (※)
2(火)ようび
今日は 何曜日ですか?
火曜日 です

※是(です)を略したかたちです。

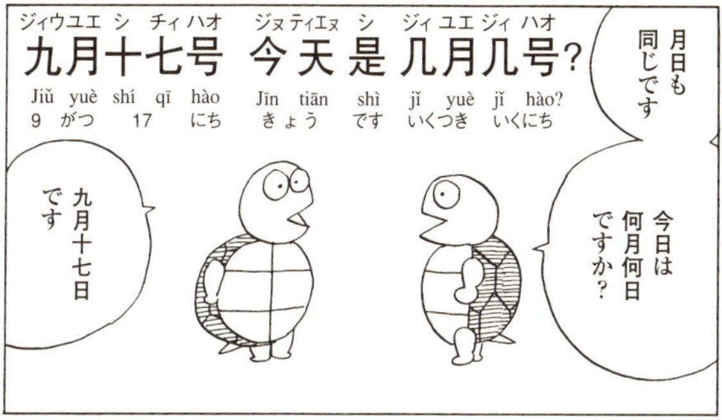

月日も同じです
今日は何月何日ですか？
九月《ジィウユエ》十《シ》七《チィ》号《ハオ》 今天《ジヌティエヌ》是《シ》几《ジィ》月《ユエ》几《ジィ》号《ハオ》？
Jiǔ yuè shí qī hào Jīn tiān shì jǐ yuè jǐ hào?
9 がつ 17 にち きょう です いくつき いくにち
九月十七日です

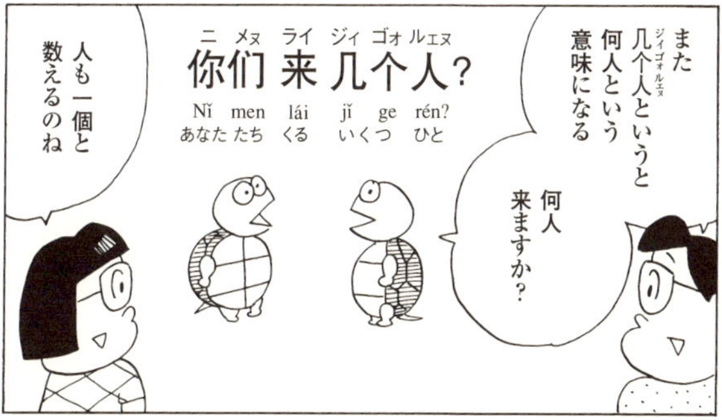

また几个人《ジィゴォルエヌ》というと何人という意味になる
何人来ますか？
你们《ニメヌ》来《ライ》几《ジィ》个《ゴォ》人《ルエヌ》？
Nǐ men lái jǐ ge rén?
あなた たち くる いくつ ひと
人も一個と数えるのね

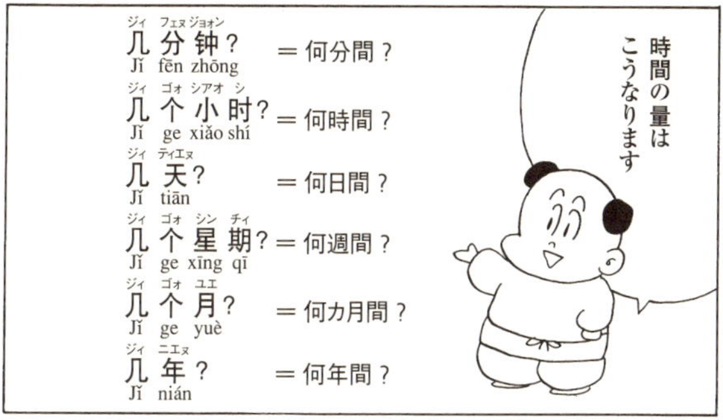

時間の量はこうなります
几《ジィ》分《フェヌ》钟《ジョオン》？ Jǐ fēn zhōng ＝何分間？
几《ジィ》个《ゴォ》小《シアオ》时《シ》？ Jǐ ge xiǎo shí ＝何時間？
几《ジィ》天《ティエヌ》？ Jǐ tiān ＝何日間？
几《ジィ》个《ゴォ》星《シン》期《チィ》？ Jǐ ge xīng qī ＝何週間？
几《ジィ》个《ゴォ》月《ユエ》？ Jǐ ge yuè ＝何カ月間？
几《ジィ》年《ニエヌ》？ Jǐ nián ＝何年間？

同じ数でも年齢は「多大」を使いお金は「多少」を使います
多《ドゥオ》大《ダ》 どのくらい（とし）
duō dà
多少《ドゥオシァオ》 いくら（お金）
duō shǎo
なによ！次々と
まあまあ

年はこうなる
你《ニ》 今年《ジヌニエヌ》 多大《ドゥオダ》 年纪《ニエヌジィ》？
Nǐ jīn nián duō dà nián jì?
あなた ことし どのくらい とし
あなたは今年何歳ですか
二《アル》十《シ》一《イ》岁《スォイ》
Èr shí yī suì
21 さい
二十一歳です
岁＝歳

お金はこうなる
你《ニ》 有《イオウ》 多少《ドゥオシァオ》 钱《チエヌ》？
Nǐ yǒu duō shǎo qián?
あなた もつ いくら ぜに
あなたはいくら有りますか？
これは「多少钱」だけで買い物に使えます

次はAかBかどちらかという疑問だね
A 还《ハイ》是《シ》 B
hái shi
それとも
日本の「それとも」ですね
还＝還
こうなります
银《イヌ》行《ハン》在《ザァイ》右《イオウ》边《ビエ》儿《ル》还《ハイ》是《シ》左《ズオ》边《ビエ》儿《ル》？
Yín háng zài yòu bianr hái shi zuǒ bianr ?
ぎんこう ある み ぎ それとも ひだり
銀行は右にありますかそれとも左にありますか？
银＝銀
こんなふうにも
你《ニ》吃《チ》炒饭《チャオファヌ》还《ハイ》是《シ》汤面《タンミエヌ》？
Nǐ chī chǎo fàn hái shi tāng miàn ?
あなた たべる チャーハン それとも タンメン
あなたはチャーハンを食べますか？それともタンメンを食べますか？
汤＝湯

疑問文の最後は一言「いかが」だ
怎《ゼヌ》么《モ》样《ヤン》?
Zěn me yàng?
いかがですか
英語のHowです
样＝様
何にでも使えて便利だよ
星期一《シンチィイ》 怎《ゼヌ》么《モ》样《ヤン》?
Xīng qī yī zěn me yàng?
げつようび いかが
月曜日いかがですか?
我们《ウオメヌ》 吃《チ》 中餐《ジョオンツァヌ》 怎《ゼヌ》么《モ》样《ヤン》?
Wǒ men chī zhōng cān zěn me yàng?
わたしたち たべる 中華料理 いかが
私たち中華料理でいかがですか?

これでだいたいのところはおわりました
おつかれさん辛《シヌ》苦《クウ》辛《シヌ》苦《クウ》だね
もうーなんだかゴチャゴチャだわよ
ママもよ
何度も言うように中国語は主語と述語と目的語でできているんだ
主語
述語
目的語
それはわかったけど
大切なのは述語だこれだけでも意味になる
行け！
チュイ
去
qù
命令形です

主語がつけば「○○は○○する」になる
主語
我《ウオ》去《チュイ》
Wǒ qù
わたし いく
述語
私は行きます
述語と目的語なら「○○に○○する」です
去《チュイ》日本《ルィベヌ》
qù Rì běn
いく にほん
述語
目的語
日本に行きます
三つそろうとこうなる
主語
我《ウオ》去《チュイ》日本《ルィベヌ》
Wǒ qù Rì běn
わたし いく にほん
述語
目的語
私は日本に行きます

で目的語が二つあるときは前のが「○○に」後ろが「○○を」になります
目的語は「にを」とおぼえよう
？？？
どういうことなのよ？

第一目的語は「○○に」となる
主語
他《タ》教《ジアオ》我《ウオ》
Tā jiāo wǒ
かれ おしえる わたし
述語
目的語1
目的語2
彼は私に、教えます

第二目的語は「○○を」です
主語
他《タ》教《ジアオ》我《ウオ》中《ジョォン》文《ウエヌ》
Tā jiāo wǒ Zhōng wén
かれ おしえる わたし ちゅうごくご
①に ②を
目的語2
目的語1
述語
彼は私に中国語を、教えます

ようするにこれが骨組みだ
主 述 目1 目2
なるほどね
で、これらのなかに飾りの言葉をつけるといろんな言い方ができる肉づけだね
これも中国人のヘンな日本語式でおぼえましょう
でも一度に全部を言おうとするより短く切って話したほうが楽です
まァそれはどんな外国語でも同じだけどね

7章

いろいろな表現

都《ドウ》は「みな」都《と》
dōu
都《ドウ》は「みな」という意味です
述語の前に入れよう
主語
都
述語
目的語
你《ニ》们《メヌ》 都《ドウ》 好《ハオ》吗《マ》?
Nǐ men dōu hǎo ma?
あなたたち みな よいか
みなさんお元気ですか
我《ウオ》们《メヌ》 都《ドウ》 去《チュイ》
Wǒ men dōu qù
わたしたち みな いく
私たちは全員行きます
他《タ》们《メヌ》 都《ドウ》 来《ライ》吗《マ》?
Tā men dōu lái ma?
かれたち みな くるか
彼らは皆来ますか?
她《タ》们《メヌ》 都《ドウ》 吃《チ》
Tā men dōu chī
かのじょたち みな たべる
彼女たちは全員食べます

很《ヘヌ》は「とても」という意味だ
很《ヘヌ》は「とても」ヘン
hěn
それがちょっとヘンなんです
どういうこと?
述語が形容詞のときに入れるけど強調しないかぎり「とても」にはならないんだ
我们《ウオ メヌ》都《ドウ》很好《ヘヌハオ》
Wǒ men dōu hěn hǎo
わたしたち みな（とても）よい
ややっこしいわね
だから形容詞はみな「とても」がつくとおぼえればいいさ
你《ニ》很《ヘヌ》漂亮《ピアオリアン》
Nǐ hěn piào liang
あなた とても うつくしい
あなたはとても美しいです
いーかげんな…

也《イエ》は「もまた」也《なり》
yě
「也《イエ》」は「もまた」です
「同様に」の意味だね
他们《タメヌ》 也《イエ》 不来《ブゥライ》
Tā men yě bù lái
かれたち もまた こない
彼らもまた来ません
我《ウオ》 也《イエ》 吃《チ》 炒饭《チャオファヌ》
Wǒ yě chī chǎo fàn
わたし もまた たべる チャーハン
私もまたチャーハンを食べます
你《ニ》 也《イエ》 去吗《チュイマ》?
Nǐ yě qù ma?
あなた もまた いくか
あなたもまた行きますか
她《タ》 也《イエ》 很《ヘヌ》 漂亮《ピアオリアン》
Tā yě hěn piào liang
かのじょもまた とても うつくしい
彼女もまたとても美しいです

これは便利 絶対おぼえましょう
的《デェ》は「の」だ《でぇ》
de
日本の「○○の」というときの「の」が「的《デェ》」なのだ
我《ウオ》的《デェ》朋友《ポンイオウ》
Wǒ de péng you
わたし の ともだち
私の友人です
你《ニ》的《デェ》提包《ティバオ》
Nǐ de tí bāo
あなた の ハンドバッグ
あなたのハンドバッグです
我《ウオ》的《デェ》眼镜《イェヌジン》
Wǒ de yǎn jìng
わたし の メガネ
私のメガネです
镜＝鏡
他《タ》的《デェ》香烟《シアンイェヌ》
Tā de xiāng yān
かれ の タバコ
彼のタバコです

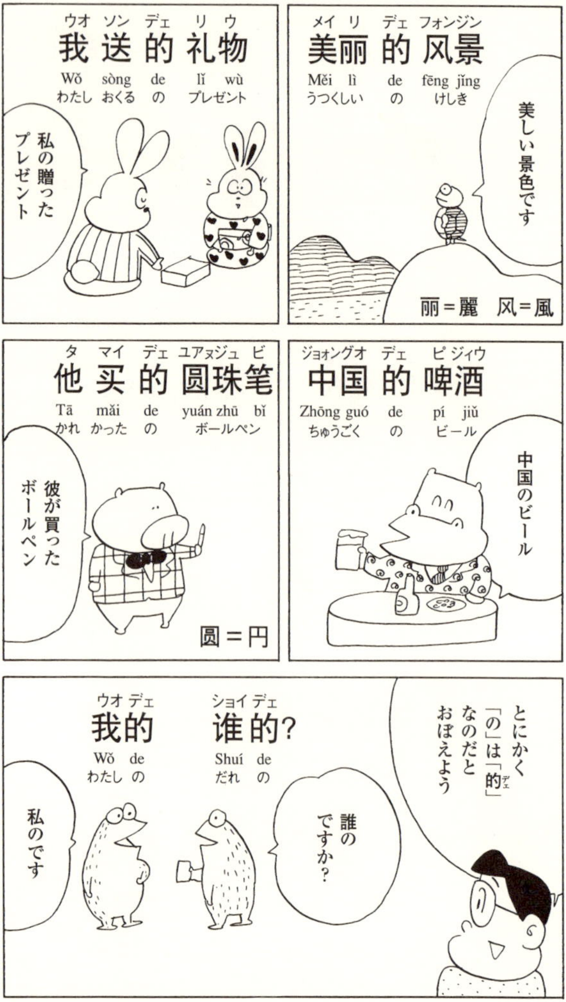
美《メイ》丽《リ》的《デェ》风景《フォンジン》
Měi lì de fēng jǐng
うつくしい の けしき
美しい景色です
丽＝麗　风＝風
我《ウオ》送《ソン》的《デェ》礼《リ》物《ウ》
Wǒ sòng de lǐ wù
わたし おくる の プレゼント
私の贈ったプレゼント
中国《ジョォングオ》的《デェ》啤酒《ピジィウ》
Zhōng guó de pí jiǔ
ちゅうごく の ビール
中国のビール
他《タ》买《マイ》的《デェ》圆《ユアヌ》珠《ジュ》笔《ビ》
Tā mǎi de yuán zhū bǐ
かれ かった の ボールペン
彼が買ったボールペン
圆＝円
とにかく「の」は「的《デェ》」なのだとおぼえよう
谁的《ショイデェ》?
Shuí de
だれ の
誰のですか?
我的《ウオデェ》
Wǒ de
わたし の
私のです

ていねい語の作り方です
请《チン》は「どうぞ」
qǐng
述語だけだったら何だっけ？
命令でしょ
请＝請

こうですね
去《チュイ》！
Qù
いけ
来《ライ》！
Lái
こい
吃《チ》！
Chī
たべろ

これに「请《チン》」をつけると「どうぞ」になるんだ
请去《チンチュイ》
Qǐng qù
どうぞ行ってください
请来《チンライ》
Qǐng lái
どうぞ来てください
请吃《チンチ》
Qǐng chī
どうぞ食べてください
どうぞ「请《チン》」をつけてくださいね
へえ

不要《ブゥヤオ》と别《ビエ》は「するな」
bù yào bié
禁じる言葉です
頭につけるだけで「するな」という意味になる
别＝別
别《ビエ》 担心《ダヌシヌ》
Bié dān xīn
するな しんぱい
心配しないでください
不要《ブゥヤオ》 担心《ダヌシヌ》
Bù yào dān xīn
するな しんぱい
心配しないでください
别《ビエ》 去《チュイ》
Bié qù
するな いく
行かないでください
不要《ブゥヤオ》 去《チュイ》
Bù yào qù
するな いく
行かないでください

これは比較の言い方です
A 比《ビ》 B は「AはBより」
bǐ
必ず「AはBより」になるんだ
你《ニ》 比《ビ》我《ウオ》 大《ダ》
Nǐ bǐ wǒ dà
あなた わたしより おおきい
あなたは私より年上です
我《ウオ》 比《ビ》你《ニ》 小《シアオ》
Wǒ bǐ nǐ xiǎo
わたし あなたより ちいさい
私はあなたより年下です
他《タ》的《デェ》 中《ジョォン》文《ウエヌ》比《ビ》我《ウオ》 好《ハオ》
Tā de Zhōng wén bǐ wǒ hǎo
かれの 中国語 わたしより よい
彼の中国語は私よりうまいです
长《チャン》 江《ジアン》比《ビ》黄《ホアヌ》河《ホ》长《チャン》
Cháng jiāng bǐ Huáng hé cháng
ちょうこう こうがより ながい
長江は黄河より長いです

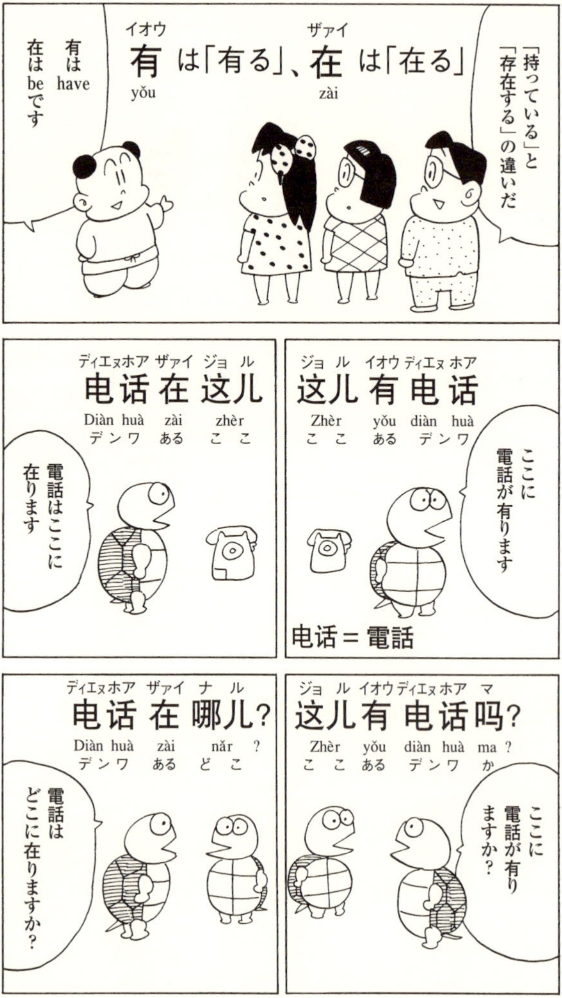

「持っている」と「存在する」の違いだ
有《イオウ》は「有る」、在《ザァイ》は「在る」
yǒu zài
有はhave 在はbeです
这儿《ジョル》有《イオウ》电话《ディエヌホア》
Zhèr yǒu diàn huà
ここ ある デンワ
ここに電話が有ります
电话=電話
电话《ディエヌホア》在《ザァイ》这儿《ジョル》
Diàn huà zài zhèr
デンワ ある ここ
電話はここに在ります
这儿《ジョル》有《イオウ》电话《ディエヌホア》吗《マ》?
Zhèr yǒu diàn huà ma ?
ここ ある デンワ か
ここに電話が有りますか?
电话《ディエヌホア》在《ザァイ》哪儿《ナル》?
Diàn huà zài nǎr ?
デンワ ある どこ
電話はどこに在りますか?

「从《ツォン》から」「到《ダオ》まで」
cóng dào
時間や場所のどちらにも使います
日本語といっしょね
从＝従
博《ボ》物《ウ》馆《グアヌ》 从《ツォン》七《チィ》点《ディエヌ》开门《カイメヌ》
Bó wù guǎn cóng qī diǎn kāi mén
はくぶつかん 7じから ひらく
博物館は七時から開きます
馆＝館
我们《ウオメヌ》 到《ダオ》公园《ゴンユアヌ》 去《チュイ》
Wǒ men dào gōng yuán qù
わたしたち こうえんまで いく
私たちは公園まで行きます
园＝園
从两点《ツォンリアンディエヌ》 到《ダオ》三点《サヌディエヌ》
Cóng liǎng diǎn dào sān diǎn
2じから 3じまで
二時から三時までです
从东京《ツォンドォンジン》 到《ダオ》北京《ベイジン》
Cóng Dōng jīng dào Běi jīng
トーキョーから ペキンまで
東京から北京までです
东＝東

「已《イ》经《ジン》すでに」「还《ハイ》まだ」
yǐ jing hái
これも二ついっしょにおぼえよう
经＝経
我《ウオ》已《イ》经《ジン》看《カヌ》了《レェ》
Wǒ yǐ jing kàn le
わたし すでに みた
私はもう見ました
电影
我《ウオ》还《ハイ》没《メイ》看《カヌ》
Wǒ hái méi kàn
わたし まだ みてない
私はまだ見ていません
电影
我《ウオ》已《イ》经《ジン》吃《チ》了《レェ》
Wǒ yǐ jing chī le
わたし すでに たべた
私はもう食べました
我《ウオ》还《ハイ》没《メイ》吃《チ》
Wǒ hái méi chī
わたし まだ たべてない
私はまだ食べていません

どちらも「少し」だが使い方が少し違う
一《イ》点《ディエ》儿《ル》、有《イオウ》点《ディエ》儿《ル》
yī diǎnr yǒu diǎnr
は「少し」である
一点儿は後ろ有点儿は前におきます
贵了《グォイレェ》一《イ》点《ディエ》儿《ル》
Guì le yī diǎnr
たかい すこし
少し高いです
有《イオウ》点《ディエ》儿《ル》贵《グォイ》
Yǒu diǎnr guì
すこし たかい
少し高いです
有《イオウ》点《ディエ》儿《ル》累《レイ》
Yǒu diǎnr lèi
すこし つかれる
少し疲れました
「後ろでイーデアル」「前のヨーデアル」とおぼえよう
ダジャレじゃないの

英語のandみたいなものです
跟《ゲヌ》は「と」「に」
gēn
相手の前につくんだ
我《ウオ》跟《ゲヌ》他《タ》去《チュイ》
Wǒ gēn tā qù
わたし かれと いく
私と彼は行きます
我《ウオ》跟《ゲヌ》你《ニ》吃《チ》
Wǒ gēn nǐ chī
わたし あなたと たべる
私とあなたは食べます
我《ウオ》跟《ゲヌ》他《タ》借《ジエ》钱《チエヌ》
Wǒ gēn tā jiè qián
わたし かれに かりる ゼニ
私は彼にお金を借ります
钱＝銭
你《ニ》跟《ゲヌ》我《ウオ》来《ライ》
Nǐ gēn wǒ lái
あなたと わたし くる
あなたは私と来ます

日本語の「○○でしょう」ですけどヘンな日本語では「ね」とおぼえるといいです
吧《バ》は「ね」
ba
バネとおぼえよう
なんの意味があるのよ
吧＝罷
你《ニ》 累《レイ》 了《レェ》 吧《バ》
Nǐ lèi le ba
あなた つかれた ね
あなた疲れたでしょう
来《ライ》 两《リアン》瓶《ピン》 啤《ピ》酒《ジィウ》 吧《バ》
Lái liǎng píng pí jiǔ ba
くる 2 本 ビール ね
ビール二本頼みましょう
请《チン》 坐《ズオ》 吧《バ》
Qǐng zuò ba
どうぞ かける ね
どうぞ座りましょう
下《シア》午《ウ》 去《チュイ》 吧《バ》
Xià wǔ qù ba
ご ご いく ね
午後行きましょう

これは願望です
想《シアン》は「したい」とおもい
xiǎng
要《ヤオ》は「必要」とする
yào
想《シアン》より要《ヤオ》のほうが強いんだ
我《ウオ》想《シアン》吃《チ》上《シャン》海《ハイ》菜《ツァイ》
Wǒ xiǎng chī Shàng hǎi cài
わたし おもう たべる シャンハイ 料理
私は上海料理が食べたいです
我《ウオ》不《ブゥ》想《シアン》坐《ズオ》飞《フェイ》机《ジィ》
Wǒ bù xiǎng zuò fēi jī
わたし のりたくない ひこうき
私は飛行機に乗りたくないです
我《ウオ》要《ヤオ》去《チュイ》故《グゥ》宫《ゴォン》
Wǒ yào qù gù gōng
わたし したい いく こきゅう
私は故宮に行きたいです
宫＝宮
我《ウオ》要《ヤオ》喝《ホ》啤《ピ》酒《ジィウ》
Wǒ yào hē pí jiǔ
わたし のみたい ビール
私はビールが飲みたいです

○○するのが「好き」になります
喜欢《シィホアヌ》は「好き」
xǐ huan
これは使えるわね
欢＝歓
我《ウオ》 喜欢《シィホアヌ》 看《カヌ》 电影《ディエヌイン》
Wǒ xǐ huan kān diàn yǐng
わたし す き みる えいが
私は映画を見るのが好きです
我《ウオ》 喜欢《シィホアヌ》 听《ティン》 音乐《イヌユエ》
Wǒ xǐ huan tīng yīn yuè
わたし す き きく おんがく
私は音楽を聴くのが好きです
乐＝楽
我《ウオ》 喜欢《シィホアヌ》 看书《カヌシュ》
Wǒ xǐ huan kān shū
わたし す き みる ほん
私は本を読むのが好きです
书＝書
我《ウオ》 喜欢《シィホアヌ》 卡拉OK《カラオーケィ》
Wǒ xǐ huan kǎ lā OK
わたし す き カ ラ オ ケ
私はカラオケが好きです

これは英語のcanです
能《ノン》、会《ホォイ》、可以《コォイ》
néng huì kě yǐ
みな「できる」
なんなのよ
みんな「できる」なんだけど場合により違うんだ
能《ノン》
néng
これは「可能」できる場合です
在《ザァイ》 哪儿《ナ ル》 能《ノン》 换钱《ホアヌチエヌ》?
Zài nǎr néng huàn qián?
どこで できる りょうがえ
どこで両替できますか？
1000
一《イ》百《バイ》块《クアイ》 钱《チエヌ》 能《ノン》 买《マイ》
Yī bǎi kuài qián néng mǎi
100げん できる かう
百元で買うことができます
块 = 塊(かたまり)

これは学んで「できる」場合だ
会《ホォイ》
huì
ホイホイとできます
会が「できる」なんてヘンね

我《ウオ》会《ホォイ》开《カイ》汽《チィ》车《チョ》
Wǒ huì kāi qì chē
わたし できる うんてん くるま
私は自動車を運転することができます
汽车＝自動車

我《ウオ》会《ホォイ》说《シュオ》中《ジョォン》文《ウエヌ》
Wǒ huì shuō Zhōng wén
わたし できる はなす 中国語
私は中国語を話すことができます
你好

これはOKとおぼえるといい
可《コォ》以《イ》はOK
kě yǐ
「やっていい」場合です

可《コォ》以《イ》 照相《ジャオシアン》吗《マ》？
Kě yǐ zhào xiàng ma?
OK しゃしんとる か
写真撮ることができますか？
不《ブゥ》可《コォ》以《イ》 照相《ジャオシアン》
Bù kě yǐ zhào xiàng
OKじゃない しゃしん
写真撮ることはできません
とまァだいたいこんなところだ
おつかれさまでした 辛苦了《シヌクゥレェ》
じょうだんじゃないわよ
もう頭がゴチャゴチャよ
だから発音して通じなかったら字を書けばいいのさ
そういうことです
でも漢字がねぇ

主語はたいがい自分だから述語を言って目的語を書けばいいい
これならカンタンでしょ？
ウーン
字を忘れたらこの本を開いて指さすだけでもいいです
まんが中国語
わかったわ
では最後に旅行などで使えそうな言葉を出しておこう
最初からそれをやってくれたらよかったのにもう

コラム 7 簡体字《かんたいじ》、繁体字《はんたいじ》と第三の字？

「學」「樂」「賣」といった字を見たことがありますか？　日本では「讀賣《よみうり》新聞」の題字とかでしか目にしませんね。でも、台湾ではこういった字が現役で使われています。ごちゃごちゃしてるから繁体字といいます。台湾も正式には「臺灣《たいわん》」と書くはずなんですが、一般には「台」と表記していて、「臺」の字を使うのは銀行の看板くらいみたいです。日本みたいに、難しい字は徐々に簡単にしているのでしょうか。

本書で使った漢字は、簡体字といって大陸の中国で使われている字です。

ところで、簡体字でも繁体字でもない字が、いまも中国で使われているのをご存じですか？　すごくマイナーなんですけど、蘇州《スウジョウ》碼子《マズ》、またの名を草碼《ツァオマ》と呼ばれるもので、金額や数量を表わす一種の符丁です。おもしろいのでご紹介しましょう。ナイショの電話番号をメモするときに使ったりすると役立ちますヨ。

8章

すぐ役立つ単語帳

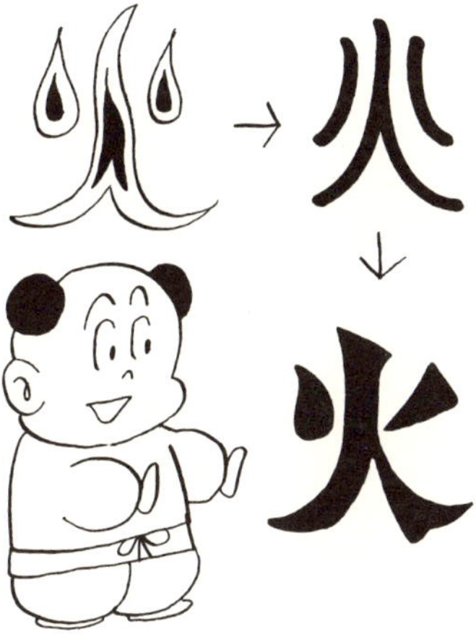

我《ウオ》 姓《シン》 ○ ○

Wǒ xìng
わたし せい

原《ユアヌ》 田《ティエヌ》 はらだ Yuán tián	小《シアオ》 林《リヌ》 こばやし Xiǎo lín	青《チン》 木《ムゥ》 あおき Qīng mù
藤《トン》 田《ティエヌ》 ふじた Téng tián	齐《チィ》 藤《トン》 さいとう Qí téng	伊《イ》 藤《トン》 いとう Yī téng
前《チエヌ》 田《ティエヌ》 まえだ Qián tián	佐《ズオ》 藤《トン》 さとう Zuǒ téng	内《ネイ》 田《ティエヌ》 うちだ Nèi tián
三《サヌ》 浦《プゥ》 みうら Sān pǔ	清《チン》 水《ショイ》 しみず Qīng shuǐ	太《タイ》 田《ティエヌ》 おおた Tài tián
森《セヌ》 田《ティエヌ》 もりた Sēn tián	铃《リン》 木《ムゥ》 すずき Líng mù	小《シアオ》 川《チョアヌ》 おがわ Xiǎo chuān
山《シャヌ》 田《ティエヌ》 やまだ Shān tián	高《ガオ》 桥《チアオ》 たかはし Gāo qiáo	加《ジィア》 藤《トン》 かとう Jiā téng
山《シャヌ》 本《ベヌ》 やまもと Shān běn	田《ティエヌ》 中《ジョオン》 たなか Tián zhōng	木《ムゥ》 村《ツウヌ》 きむら Mù cūn
渡《ドゥ》 边《ビエヌ》 わたなべ Dù biān	中《ジョオン》 村《ツウヌ》 なかむら Zhōng cūn	小《シアオ》 岛《ダオ》 こじま Xiǎo dǎo

※ここにない名前の人は字に書いて示せばいいですヨ。

我《ウオ》是《シー》○○

Wǒ shì
わたし です

美《メイ》国《グオ》人《ルェヌ》 Měi guó rén アメリカじん 	中《ジョォン》国《グオ》人《ルェヌ》 Zhōng guó rén ちゅうごくじん 	日《ルィ》本《ベヌ》人《ルェヌ》 Rì běn rén にほんじん 
医《イ》生《ション》 yī shēng いしゃ 	司《ス》机《ジィ》 sī jī うんてんしゅ 	学《シュエ》生《ション》 xué sheng がくせい 
老《ラオ》师《シ》 lǎo shī せんせい 	农《ノォン》民《ミヌ》 nóng mín のうみん  农＝農	工《ゴォン》人《ルェヌ》 gōng rén ろうどうしゃ 
军《ジュヌ》人《ルェヌ》 jūn rén ぐんじん 	售《ショウ》货《フオ》员《ユアヌ》 shòu huò yuán てんいん 	服《フゥ》务《ウ》员《ユアヌ》 fú wù yuán サービスがかり  务＝務

请《チン》给《ゲイ》我《ウオ》 ○ ○

Qǐng gěi wǒ

どうぞ あたえよ わたしに

水《ショイ》 shuǐ みず  	橘《ジュ》子《ズ》汁《ジ》 jú zi zhī オレンジジュース 	可《コォ》口《コウ》可《コォ》乐《レェ》 Kě kǒu kě lè コカ・コーラ  乐＝楽
红《ホォン》葡《プゥ》萄《タオ》酒《ジィウ》 hóng pú tao jiǔ 赤ワイン 	啤《ピ》酒《ジィウ》 pí jiǔ ビール  	茶《チャ》 chá おちゃ 
白《バイ》兰《ラヌ》地《ディ》 bái lán dì ブランデー  兰＝蘭	威《ウエイ》士《シ》忌《ジィ》 wēi shì jì ウイスキー 	白《バイ》葡《プゥ》萄《タオ》酒《ジィウ》 bái pú tao jiǔ 白ワイン 
毯《タヌ》子《ズ》 tǎn zi もうふ 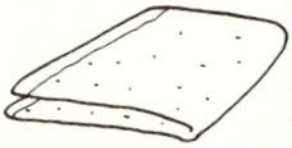	枕《ジェヌ》头《トウ》 zhěn tou まくら 头＝頭 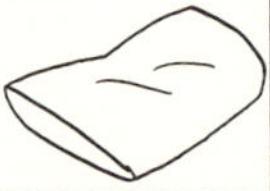	开《カイ》水《ショイ》 kāi shuǐ お湯 

卫《ウエイ》生《ション》纸《ジ》 wèi shēng zhǐ トイレットペーパー  卫＝衛	杂《ザァ》志《ジ》 zá zhì ざっし 	报《バオ》纸《ジ》 bào zhǐ しんぶん 
皂＝皁 香《シアン》皂《ザァオ》 xiāng zào せっけん 	吹《チョイ》风《フォン》机《ジィ》 chuī fēng jī ヘアドライヤー 	浴《ユィ》巾《ジヌ》 yù jīn バスタオル 
炒《チャオ》饭《ファヌ》 chǎo fàn チャーハン 	米《ミ》饭《ファヌ》 mǐ fàn ごはん 	烟《イェヌ》灰《ホォイ》缸《ガン》 yān huī gāng はいざら 
包《バオ》子《ズ》 bāo zi まんじゅう 	粥《ジョウ》 zhōu おかゆ 	汤《タン》面《ミエヌ》 tāng miàn タンメン 
油《イオウ》条《ティアオ》 yóu tiáo あげパン 	面《ミエヌ》条《ティアオ》 miàn tiáo うどん 	饺《ジアオ》子《ズ》 jiǎo zi ギョーザ 

〇〇在《ザァイ》哪《ナ》儿《ル》？

zài　nǎr
ある　どこ

咖《カ》啡《フェイ》厅《ティン》
kā fēi tīng
きっさてん

厅＝庁

太《タイ》平《ピン》门《メヌ》
tài píng mén
ひじょうぐち

厕《ツォ》所《スオ》
cè suǒ
トイレ

照《ジャオ》相《シアン》馆《グアヌ》
zhào xiàng guǎn
写真館

餐《ツァヌ》厅《ティン》
cān tīng
レストラン

商《シャン》场《チャン》
shāng chǎng
市場

电《ディエヌ》话《ホア》
diàn huà
でんわ

理《リ》发《ファ》馆《グアヌ》
lǐ fà guǎn
理髪店

发＝髪

美《メイ》容《ルウォン》院《ユアヌ》
měi róng yuàn
美容院

传《チョアヌ》真《ジェヌ》机《ジィ》
chuán zhēn jī
ファクス

传＝伝

自《ズ》动《ドォン》扶《フゥ》梯《ティ》
zì dòng fú tī
エスカレーター

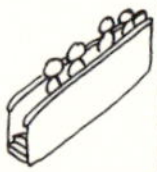

动＝動

电《ディエヌ》梯《ティ》
diàn tī
エレベーター

桑《サン》拿《ナ》浴《ユィ》 sāng ná yù サウナ 	酒《ジィウ》吧《バ》 jiŭ bā バー 	大《ダ》厅《ティン》 dà tīng ロビー 
书《シュ》店《ディエヌ》 shū diàn 書店 	百《バイ》货《フオ》大《ダ》楼《ロウ》 băi huò dà lóu デパート 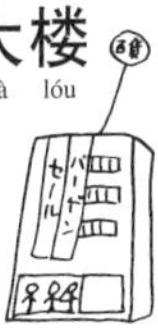	游《イオウ》泳《ヨン》池《チ》 yóu yŏng chí プール 
菜《ツァイ》市《シ》场《チャン》 cài shì chăng やおや 	文《ウエヌ》具《ジュ》商《シャン》店《ディエヌ》 wén jù shāng diàn 文房具店 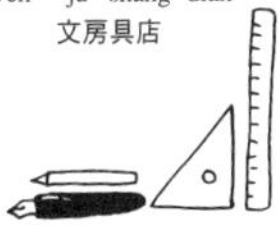	超《チャオ》级《ジィ》市《シ》场《チャン》 chāo jí shì chăng スーパー 
医《イ》院《ユアヌ》 yī yuàn 病院 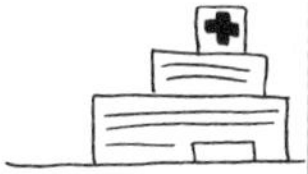	出《チュ》租《ズウ》车《チョ》 chū zū chē タクシー 	粮《リアン》店《ディエヌ》 liáng diàn こめや 
日《ルィ》本《ベヌ》大《ダ》使《シ》馆《グアヌ》 Rì bĕn dà shĭ guăn にほん たいしかん 	警《ジン》察《チャ》 jĭng chá けいさつ 	○○饭《ファヌ》店《ディエヌ》 fàn diàn ○○ホテル 

我《ウオ》喜《シ》欢《ホアヌ》○○

Wǒ xǐ huan
わたし す き

足《ズゥ》球《チィウ》 zú qiú サッカー 	旅《リュ》行《シン》 Lǚ xíng たび 	体《ティ》育《ユィ》 tǐ yù スポーツ 
看《カヌ》书《シュ》 kàn shū 読書 	画《ホア》画《ホア》儿《ル》 huà huàr 絵をかくこと 	摄＝撮 摄《ショ》影《イン》 shè yǐng さつえい 
卡《カ》拉《ラ》OK《オーケイ》 kǎ lā OK カラオケ 	听《ティン》音《イヌ》乐《ユエ》 tīng yīn yuè 音楽を聴くこと 	看《カヌ》电《ディエヌ》影《イン》 kàn diàn yǐng 映画を見ること 
书《シュ》法《ファ》 shū fǎ 書道 	日《ルィ》本《ベヌ》歌《ゴォ》 Rì běn gē にほんのうた 	京《ジン》剧《ジュ》 jīng jù 京劇  剧＝劇

游《イオウ》泳《ヨン》 yóu yǒng すいえい 	网《ワン》球《チィウ》 wǎng qiú テニス  网＝網	交《ジアオ》际《ジィ》舞《ウ》 jiāo jì wǔ 社交ダンス  际＝際
英《イン》语《ユィ》 Yīng yǔ 英語 	太《タイ》极《ジィ》拳《チュアヌ》 tài jí quán 太極拳  极＝極	气《チィ》功《ゴン》 qì gōng 気功 
夏《シア》天《ティエヌ》 xià tiān なつ 	春《チュヌ》天《ティエヌ》 chūn tiān はる 	日《ルィ》本《ベヌ》话《ホア》 Rì běn huà にほんご 
晴《チン》天《ティエヌ》 qíng tiān はれ 	冬《ドン》天《ティエヌ》 dōng tiān ふゆ 	秋《チィウ》天《ティエヌ》 qiū tiān あき 
风《フォン》 fēng かぜ 	雪《シュエ》天《ティエヌ》 xuě tiān ゆき 	雨《ユィ》天《ティエヌ》 yǔ tiān あめ 

○○坏《ホアイ》了《レェ》

huài le

こわれて ら

坏＝壊

淋《リヌ》浴《ユィ》
lín yù
シャワー

插《チャ》座《ズオ》
chā zuò
コンセント

灯《ドン》
dēng
ランプ

开《カイ》关《グアヌ》
kāi guān
スイッチ

开关＝開関

窗《チョアン》子《ズ》
chuāng zi
まど

窗＝窓

水《ショイ》龙《ロォン》头《トウ》
shuǐ lóng tóu
蛇口

龙头＝龍頭

收《ショウ》音《イヌ》机《ジィ》
shōu yīn jī
ラジオ

暖《ヌアヌ》气《チィ》
nuǎn qì
暖房

空《コォン》调《ティアオ》
kōng tiáo
エアコン

百《バイ》叶《イエ》窗《チョアン》
bǎi yè chuāng
ブラインド

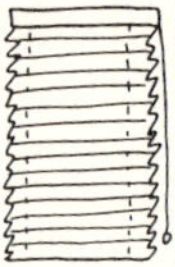

窗《チョアン》帘《リエヌ》
chuāng lián
カーテン

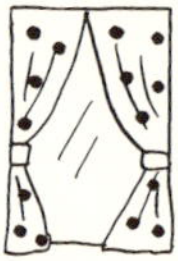

帘＝簾

电《ディエヌ》视《シ》
diàn shì
テレビ

我《ウォ》○疼《トン》
Wǒ téng
わたし いたい

鼻《ビ》子《ズ》 bí zi はな 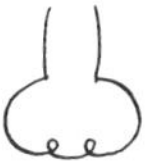	眼《イエヌ》睛《ジン》 yǎn jing め 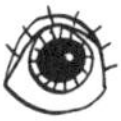	头《トウ》 tóu あたま  头＝頭
脸《リェヌ》 liǎn かお  脸＝臉	嘴《ズォイ》 zuǐ くち 	耳《アル》朵《ドゥオ》 ěr duo みみ  朵＝朶
肚《ドゥ》子《ズ》 dù zi はら 	手《ショウ》 shǒu て 	胸《ション》脯《プ》 xiōng pú むね 
脚《ジアオ》 jiǎo あし 	大《ダ》腿《トォイ》 dà tuǐ ふともも 	膝《シィ》盖《ガイ》 xī gài ひざ  盖＝蓋

○○多《ドゥオ》少《シァオ》钱《チエヌ》？

duō shao qián
いくら

香《シアン》蕉《ジアオ》 xiāng jiāo バナナ 	梨《リ》 lí なし 	西《シィ》瓜《グア》 xī guā すいか 
柿《シ》子《ズ》 shì zi かき 	葡《プゥ》萄《タオ》 pú tao ぶどう 	桃《タオ》 táo もも 
荔《リ》枝《ジ》 lì zhī ライチ 	橘《ジュ》子《ズ》 jú zi みかん 	菠《ボ》萝《ルオ》 bō luó パイナップル  萝＝蘿
枣《ザァオ》 zǎo ナツメ  枣＝棗	甜《ティエヌ》瓜《グア》 tián guā メロン 	栗《リ》子《ズ》 lì zi くり 

乌《ウ》龙《ロォン》茶《チャ》
wū lóng chá
ウーロン茶

乌龙＝烏龍

白《バイ》酒《ジィウ》
bái jiǔ
しょうちゅう

茅《マオ》台《タイ》酒《ジィウ》
máo tái jiǔ
マオタイ酒

奶《ナイ》酪《ラオ》
nǎi lào
チーズ

汉《ハヌ》堡《バオ》包《バオ》
hàn bǎo bāo
ハンバーガー

汉＝漢

绿《リュ》茶《チャ》
lǜ chá
りょくちゃ

炸《ジャ》土《トゥ》豆《ドウ》条《ティアオ》
zhá tǔ dòu tiáo
フライドポテト

炸《ジャ》鸡《ジィ》
zhá jī
フライドチキン

鸡＝鶏

热《ルォ》狗《ゴウ》
rè gǒu
ホットドッグ

热＝熱

明《ミン》信《シヌ》片《ピエヌ》
míng xìn piàn
はがき

红《ホォン》茶《チャ》
hóng chá
こうちゃ

咖《カ》啡《フェイ》
kā fēi
コーヒー

邮《イオウ》票《ピアオ》
yóu piào
切手

邮＝郵

信《シヌ》封《フォン》
xìn fēng
封筒

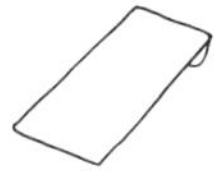

信《シヌ》纸《ズ》
xìn zhǐ
びんせん

我《ウオ》想《シアン》买《マイ》○○

Wǒ xiǎng mǎi
わたし　かいたい

首《ショウ》饰《シ》 shǒu shi アクセサリー  饰＝飾	工《ゴン》艺《イ》品《ピヌ》 gōng yì pǐn 工芸品  艺＝芸	免《ミエヌ》税《ショイ》商《シャン》品《ピヌ》 miǎn shuì shāng pǐn 免税品 
食《シ》品《ピヌ》 shí pǐn 食品 	皮《ピ》包《バオ》 pí bāo バッグ 	鞋《シエ》帽《マオ》 xié mào くつ・ぼうし 
童《トン》装《ジョアン》 tóng zhuāng 子供服 	男《ナヌ》装《ジョアン》 nán zhuāng 紳士服 	女《ニュ》装《ジョアン》 nǚ zhuāng 婦人服 
文《ウエヌ》具《ジュ》 wén jù 文房具 	礼《リ》品《ピヌ》 lǐ pǐn プレゼント 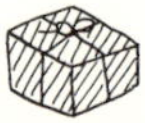	化《ホア》妆《ジョアン》品《ピヌ》 huà zhuāng pǐn 化粧品  妆＝粧

裙《チュヌ》子《ズ》
qún zi
スカート

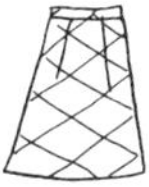

牛《ニィウ》仔《ザァイ》裤《クゥ》
niú zǎi kù
ジーンズ

裤＝袴

毛《マオ》衣《イ》
máo yī
セーター

连《リエヌ》衣《イ》裙《チュヌ》
lián yī qún
ワンピース

连＝連

女《ニュ》衬《チェヌ》衫《シャヌ》
nǚ chèn shān
ブラウス

长《チャン》裤《クゥ》
cháng kù
ズボン

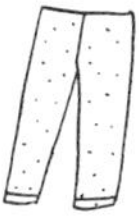

项《シアン》链《リエヌ》
xiàng liàn
ネックレス

项链＝項鏈

戒《ジエ》指《ズ》
jiè zhi
ゆびわ

男《ナヌ》西《シィ》装《ジョアン》
nán xī zhuāng
せびろ

口《コウ》红《ホォン》
kǒu hóng
くちべに

打《ダ》火《フオ》机《ジィ》
dǎ huǒ jī
ライター

耳《アル》坠《ジョイ》
ěr zhuì
イヤリング

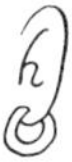

坠＝墜

刮《グア》胡《フゥ》子《ズ》刀《ダオ》
guā hú zi dāo
カミソリ

牙《ヤ》膏《ガオ》
yá gāo
歯みがき

牙《ヤ》刷《ショア》
yá shuā
歯ブラシ

○○丢《ディウ》了《レェ》

diū le

なくして ら

机《ジィ》票《ピアオ》 jī piào 航空券 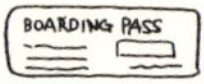	钱《チエヌ》包《バオ》 qián bāo サイフ 	护《フウ》照《ジャオ》 hù zhào パスポート  护＝護
相《シアン》机《ジィ》 xiàng jī カメラ 	手《ショウ》提《ティ》包《バオ》 shǒu tí bāo カバン、 ハンドバッグ 	车《チョ》票《ピアオ》 chē piào 乗車券 
旅《リュ》行《シン》支《ジ》票《ピアオ》 lǚ xíng zhī piào トラベラーズ・チェック 	信《シヌ》用《ヨン》卡《カ》 xìn yòng kǎ クレジットカード 	摄《ショ》像《シアン》机《ジィ》 shè xiàng jī ビデオカメラ 
手《ショウ》表《ビアオ》 shǒu biǎo 腕時計 	眼《イェヌ》镜《ジン》 yǎn jìng メガネ  镜＝鏡	房《ファン》间《ジエヌ》钥《ヤオ》匙《シ》 fáng jiān yào shi ルームキー 

もちろんこれは中国語の超初歩だ
でも言葉のしくみはわかったでしょう
まぁね
わかったようなわからないような
とにかく勇気を出して話しかけてみよう
通じなければ字を書けばいいです
はいはい
それではみなさんもがんばってくださいね
再《ザァイ》见《ジエヌ》
Zài jiàn
さようなら

あとがき

辛苦了《シヌクウレエ》。おつかれさまでした。

中国語入門はいかがでしたか？　この本ではじめて簡体字をごらんになった方もいらっしゃると思います。知っているはずの漢字が、アレッと驚くほど簡単にされていて、最初は戸惑《とまど》ったんじゃないでしょうか。でも、ぼくたちは元の漢字を知っているわけだから、簡体字を見て「あ、元はコレか」と理屈がわかるようになれば、どんどん楽になるでしょう。

中国語は方言がたくさんあって難しい、と書きましたが、ぼくはそれは特別なことじゃないと思います。日本だって「東北」と書いて、「とうほく」と読む人もいれば、「とーほぐ」と読む人もいるでしょう？　これと同じことが中国でもあるだけではないでしょうか。同じ字で書いた言葉でも、北京の人と上海の人では読み方が違う。これだけちっちゃな日本で関西弁があったり東北弁があったりするんですから、広大な中国でそのくらいの違いはあって当たり前ですよね。

中国語は日本語と違って四声があります。日本語や韓国語は、声調がないかわりに助詞があって、だらだら続いていく「膠着語《こうちゃくご》」になっています。「アメリカを発見したのはコロンブスで、それは一四九二年で、船で行って……」といつまでも続いていき、最後の述語を聞くまでは全体の意味がわからない。これはウラル・アルタイ語族の系統で、シナ・チベット語族の中国語と大きく違うところです。

ところが、言葉が似ているからといって、そこに暮らす人たちが似ているとは限りません。韓国ではお酒を飲むとき、目上の人の前ではよそを向いてコップを傾けなければいけません。中国ではみんなでイッキ飲みで「干杯《ガㇴベイ》！」です。お酒の飲み方ですらこんなにいろいろある。

逆に、言葉が違うからといって、そこに暮らす人たちが全然違うかというと、そうでもない。似ているところもいっぱいあります。お互いの国の言葉で話をすれば、もっともっと仲良くなれるんじゃないでしょうか。この本を読んでいただいた方には、日本語と中国語がどんなに違うか、また、どんなに似ているか、わかっていただけたと思います。人間も同じだと思う。似ていたり違っていたりと。

最後になりましたが、本書のカッパブックス版で校正を担当していただき、よきアドバイスをくださいました「週刊中国語世界」編集長張一帆《ちょういちほ》さん、発行人胡文娟《こぶんけん》さんにお礼をもうしあげます。どうもありがとうございました。

高　信太郎

本書は『まんが 中国語入門』(一九九九年／小社刊）を加筆修正し文庫化したものです。

知恵の森
KOBUNSHA

まんが 中国《ちゅうごく》語《ご》入門《にゅうもん》
楽《たの》しく学《まな》んで13億人《おくにん》としゃべろう

著 者 — 高 信太郎(こう しんたろう)

2009年 9月20日 初版1刷発行
2018年 9月25日 7刷発行

発行者 — 田邉浩司
組 版 — 公和図書
印刷所 — 公和図書
製本所 — 榎本製本
発行所 — 株式会社 光文社
東京都文京区音羽1-16-6 〒112-8011
電 話 — 編集部(03)5395-8282
書籍販売部(03)5395-8116
業務部(03)5395-8125
メール — chie@kobunsha.com

落丁本・乱丁本は業務部でお取替えいたします。
ISBN978-4-334-78538-3 Printed in Japan